森・濱田松本法律事務所 [編]

弁護士 藤原総一郎・矢田 悠
金丸由美・飯野悠介 [著]

Securities Litigation

証券訴訟

虚偽記載

中央経済社

はしがき

　不適切な会計処理を理由として，有価証券報告書等の開示書類の記載内容を訂正する企業が増えている。それに伴い，当該企業の株式取引によって損害を被った投資家から集団で企業が損害賠償請求訴訟を提起される事態が相次いでいる。

　平成16年の証券取引法（現金融商品取引法）の改正により，民法上の不法行為責任の一般原則を投資家に有利となるように修正した民事責任の特則が設けられ，投資家の立証責任は大幅に軽減された。また，開示の訂正に関し虚偽記載を認定した金融庁から課徴金納付命令が発令され，企業もこの命令を争わないことが多いため，実務上投資家の立証の負担がより緩和される状況になっている。

　投資家の請求を認容する最高裁判決も出され，投資家サイドから見れば，開示書類を訂正した企業に対し損害賠償請求訴訟を提起すれば，少なくとも損害の一部は判決または和解によって回収できる期待が高まっている状況にあると言える。

　しかし，開示書類を訂正したからといって，ただちに重要な事項についての虚偽記載に該当することはないし，投資家が主張する損害の全部が必ずしも訴訟で認容されるわけでもない。訴訟を提起された企業は，他の株主に対する善管注意義務の観点からも，投資家の主張や請求内容が正当なものかどうか，裁判で認められる内容かどうかを十分吟味して応訴する必要がある。

　本書は，森・濱田松本法律事務所編集の「企業訴訟実務問題シリーズ」の1つの巻として，上記のとおり近年多発している投資家の発行会社に対する虚偽記載に基づく損害賠償請求訴訟について，主として訴訟提起される企業（発行会社）の視点から，証券訴訟の実務を詳しく解説することを目的としている。

はしがき

　第1章から第3章では，主に金融商品取引法の民事責任の規定の解説を行っている。第4章では，実際の訴訟事件を参考に証券訴訟の要件事実と原被告の主張立証の実務上のあり方を説明している。第5章では，公開情報や公開されている訴訟記録に基づいて実際の事例を紹介し，当事者（原告の投資家と被告の発行会社等）が訴訟においてそれぞれ具体的にどのような主張立証活動を行っているのか，それについて裁判所がどのような判断を下しているのかを詳しく分析している。第6章では，企業にとって極めて重要な当局の行政処分の実務等についても解説を行っている。

　開示書類の訂正に関して発生するさまざまな法的問題に直面するだけでも企業担当者にとって大きな負担となるが，さらに投資家から損害賠償請求訴訟を提起され応訴することになった場合は，その負担は一層大きなものとなる。本書が，そのような事態への対処に迫られる企業担当者や法曹実務家の方々のお役に少しでも立つことができれば幸いである。

　本書の執筆にあたっては，株式会社中央経済社の露本敦氏と川副美郷氏に，校正その他について多大なご尽力をいただいた。この場をお借りしてお礼を申し上げる。

平成29年1月

執筆者を代表して
弁護士　藤原　総一郎

目　次

第1章　はじめに
―虚偽記載に関するリーガルリスクの全体像

第1節　虚偽記載に関するリーガルリスクの概要 ── 2

1　民事責任／2
2　刑事責任／6
3　行政処分／7
4　その他（SESC検査，上場廃止など）／8
5　まとめ／12

第2節　具体的事例の紹介 ── 14

1　ライブドア／14
2　ＩＨＩ／16
3　オリンパス／19
4　東　芝／26

第2章　責任論

第1節　金商法に基づく請求の類型 ── 32

1　発行市場での取得者に対する責任／32
2　流通市場での取得者に対する責任／33

第2節　虚偽記載の意義 ── 35

1. 虚偽記載の類型／35
2. 虚偽記載（財務情報）の有無の判断／36
3. 「重要性」の判断／45

第3節　発行会社の責任 ── 55

1. 発行市場における責任／55
2. 流通市場における責任／56

第4節　役員等の責任 ── 62

1. 責任を負う役員等の範囲／62
2. 故意・過失の立証責任の転換／64
3. 相当の注意の判断／65

第3章　損害論

第1節　損害論の全体像 ── 76

第2節　不法行為責任に基づく損害についての原則的な考え方 ── 78

1. 判例などから導かれる原則的な考え方／78
2. 取得自体損害（説）と取得時差額損害（説）／81
3. 個別の問題点／88

第3節　流通開示の場合の特則 ── 95

1. 概　　説／95
2. 損害賠償額の限度／98

3 賠償額の減額／98
4 弁護士費用等の請求／101

第4節　発行開示の場合の特則 ─────── 102

1 概　　説／102
2 法定損害額／102
3 賠償額の減額／104
4 弁護士費用等の請求／105

第4章　証券訴訟の主張立証の実務

第1節　証券訴訟における要件事実の概要 ─────── 108

第2節　虚偽記載の有無 ─────── 110

1 原告による主張立証のあり方／110
2 被告らによる主張立証のあり方／115

第3節　虚偽記載により生じた損害 ─────── 121

1 原告が取得自体損害を主張する場合／122
2 原告が取得時差額損害を主張する場合／129
3 推定損害／129

第4節　役員等の責任に係る主観的要件 ─────── 132

目　次

第5章　主要事例の紹介

第1節　西武鉄道事件 ——————————————— 136

1　本件の意義／136
2　事案の経過／138
3　主たる争点に係る訴訟当事者の主張立証活動と裁判所の判断／140

第2節　ライブドア事件 ——————————————— 148

1　本件の意義／148
2　事案の経過／150
3　主たる争点に係る訴訟当事者の主張立証活動と裁判所の判断──「虚偽記載等によつて生ずべき当該有価証券の値下り以外の事情」について／152

第3節　アーバンコーポレイション事件会社訴訟／役員訴訟
——————————————————————— 155

1　本件の意義／155
2　事案の経過／156
3　主たる争点に係る訴訟当事者の主張立証活動と裁判所の判断
　（会社訴訟）／158
4　主たる争点に係る訴訟当事者の主張立証活動と裁判所の判断
　（役員らに対する訴訟）──取締役会欠席役員の「相当の注意」の有無／162

第4節　オリンパス事件 ——————————————— 167

1　本件の意義／167
2　事案の経過／168
3　主たる争点に係る訴訟当事者の主張立証活動と裁判所の判断
　（東京地裁判決）／169

4　主たる争点に係る訴訟当事者の主張立証活動と裁判所の判断
　　　（大阪地裁判決）／172

第5節　IHI事件 ──────────── 179

　　1　本件の意義／179
　　2　事案の経過／179
　　3　主たる争点に係る訴訟当事者の主張立証活動と裁判所の判断／180

第6節　ニイウスコー事件 ──────── 187

　　1　本件の意義／187
　　2　事案の経過／187
　　3　主たる争点に係る訴訟当事者の主張立証活動と裁判所の判断
　　　──損害額／190

第7節　足利銀行事件 ─────────── 195

　　1　本件の意義／195
　　2　事案の経過／196
　　3　主たる争点に係る訴訟当事者の主張立証活動と裁判所の判断
　　　──虚偽記載の有無およびその判断基準／197

第8節　ビックカメラ事件 ───────── 202

　　1　本件の意義／202
　　2　事案の経過／203
　　3　主たる争点に係る訴訟当事者の主張立証活動と裁判所の判断／206

目次

第6章　関連問題・周辺問題

第1節　金融庁・証券取引等監視委員会の調査 ―― 212

1 問題の所在／212
2 調査の実情／212
3 SESC等が作成した文書について文書提出命令が行われる際の留意点／215
4 SESCが認定した虚偽記載を後の民事訴訟で覆すことは可能か／221

第2節　適時開示の虚偽記載 ―― 226

1 問題の所在／226
2 適時開示等の虚偽記載に関する損害賠償請求／226

第3節　D&O保険，企業情報開示危険補償特約 ―― 228

1 問題の所在／228
2 D&O保険／228
3 企業情報開示危険補償特約／229

第4節　管轄・事務分配 ―― 231

1 被告の普通裁判籍・義務履行地／231
2 事務分配／232

第5節　集団訴訟（日本版クラスアクション） ―― 233

1 問題の所在／233
2 流通市場は適用なし，発行市場は適用あり得る／233

第6節　虚偽記載と税務（税会計処理基準） ─────── 235

- 1　問題の所在／235
- 2　ビックカメラ事件税務訴訟地裁・高裁判決／236

事項索引 ──────────────────────── 237
判例索引 ──────────────────────── 239

凡　例

■法令名その他
金商法：金融商品取引法
SESC：証券取引等監視委員会

■判例集・雑誌
民（刑）集：最高裁判所民（刑）事判例集
集民：最高裁判所裁判集民事
訟月：訟務月報
判時：判例時報
判タ：判例タイムズ
金判：金融・商事判例
金法：金融法務事情
商事法務：旬刊商事法務

第 1 章

はじめに
── 虚偽記載に関する
リーガルリスクの全体像

　会社が有価証券報告書等（有価証券届出書，半期報告書，四半期報告書，臨時報告書，目論見書等を含む）の書類に虚偽の記載（詳細は第2章第2節参照）を行った場合，当該虚偽の記載によって損失を被った投資家らから損害賠償請求を受けるという民事上の責任のほか，刑事責任や行政処分，さらには上場廃止となるリスク等，さまざまなリーガルリスクが存在している。本書では，これらのリーガルリスクのうち，特に金融商品取引法（以下「金商法」という）に基づく民事責任を中心に解説を行うが，第1章では，まずこれらのリスクの全体像について簡単に説明したうえで，実際に各事案においてどのようなリーガルリスクが生じたかを具体的事例を用いて説明する。

第1節 虚偽記載に関するリーガルリスクの概要

1 民事責任

(1) 民　　法

　有価証券報告書等の虚偽記載により損害を被った投資家は，民法709条，719条に基づき，有価証券報告書等の提出会社およびその役員等，公認会計士または監査法人，売出人や元引受証券会社，目論見書を使用した者等，その他有価証券報告書等の虚偽記載に関与した者に対しても，不法行為責任に基づく損害賠償請求を行うことができる。

　その場合，損害賠償を請求する者は，①有価証券報告書等に虚偽記載が行われた事実，②当該虚偽記載に関する有価証券報告書等の提出会社および役員等，公認会計士または監査法人，売出人や元引受証券会社，目論見書を使用した者等，その他有価証券報告書等の虚偽記載に関与した者の故意・過失，③損害の発生，④当該虚偽記載と損害との相当因果関係，⑤損害額を主張立証する必要がある。

　民法の不法行為責任に基づく損害賠償請求の時効は，被害者またはその法定代理人が損害および加害者を知った時から3年である（民法724条）。

(2) 金　商　法

　有価証券報告書等の虚偽記載により損害を被った投資家は，金商法の規定（17条・18条1項・21条1項・21条の2等）に基づき，有価証券報告書等の提出会社，役員等，公認会計士または監査法人，売出人や元引受証券会社，目論見書を使用した者等に対して，損害賠償請求を行うことができる。

虚偽記載に関する金商法上の責任規定は，有価証券を募集・売出しに応じて取得する発行市場における取得者に対する責任規定と，市場で流通している有価証券を取得する流通市場での取得者（処分者も含む）に対する責任規定に大別することができる（第2章第1節参照）。

金商法の規定は，投資家が，発行市場で取得したか流通市場で取得（または処分）したか，および，責任主体ごとに責任の性質や主張立証責任，損害賠償額に関する規定，時効など，規定の内容が異なっている（第2章第1節参照）。

(3) 会 社 法
① 会　　社

有価証券報告書等の虚偽記載により損害を被った株主，債権者等は，会社法350条に基づき，有価証券報告書等の提出会社に対し，損害賠償請求を行うことも可能である。

会社法350条は，会社の代表者がその職務を行うにあたり，第三者に損害を与えた場合に，会社が当該第三者に対して損害賠償責任を負うことを定めた規定である。この損害賠償請求を行うためには，①有価証券報告書等に虚偽記載が行われた事実，②当該虚偽記載に関する代表者の故意・過失，③損害の発生，④当該虚偽記載と損害との因果関係，⑤損害額を主張立証する必要がある。

② 役 員 等
(a) 役員等の第三者責任

また，有価証券報告書等に虚偽記載がある場合，計算書類にも同様の虚偽記載が存在する可能性が高く，その場合，有価証券報告書等の虚偽記載により損害を被った株主，債権者等は，会社法429条に基づき，役員等に対し，損害賠償請求を行うことも可能である。

会社法429条は，役員等（取締役，会計参与，監査役，執行役または会計監査人）の第三者に対する責任を定めた規定である。会社法429条2項は，虚偽記載に関する役員等の故意・過失の立証責任を転換している。同項に基づいて，損害賠償を請求する者は，①計算書類等[1]（計算書類，事業報告，附属明細書，

---
1 会計参与の場合には，会計参与報告も含む。監査役および監査委員の場合には監査

臨時計算書類）に虚偽記載があること，②損害の発生，③当該虚偽記載と損害との因果関係，④損害額を主張立証すれば足り，役員等の側で注意を怠らなかったことを主張立証する必要がある。

(b) 違法配当責任

有価証券報告書等の虚偽記載を行った会社が配当を行っていた場合，違法配当の問題も生じ得る。すなわち，剰余金の配当等については，当該行為がその効力を生ずる日における分配可能額を超えてはならないが（会社法461条），有価証券報告書等に含まれる財務諸表が誤っていた場合には，会社法上の分配可能額も誤っており，適法な会計処理を行った場合の分配可能額を超えて剰余金の配当等が行われていた可能性がある。

会社が分配可能額を超えて剰余金の配当等を行った場合，当該行為により金銭等の交付を受けた株主，当該行為に関する業務を行った業務執行者等は連帯して会社に対して当該金銭等の帳簿価額に相当する金銭を返還する義務を負う（会社法462条1項）。この場合に返還すべき金銭の額は，分配可能額を超過して交付された部分にとどまらず，交付をされた金銭等の全額に相当する金額である（ただし，金銭等の交付を受けた株主が支払うべき金額は，自己が交付を受けた分に限定される[2]）。したがって，有価証券報告書等の虚偽記載に伴い，分配可能額を超えて剰余金の配当等が行われた場合には，当該職務を行った業務執行者等は，当該剰余金の配当等により交付された金銭等の全額に相当する金額について，会社から返還請求を受ける可能性がある。なお，この責任は立証責任の転換された過失責任であり，業務執行者等は職務を行うことにつき注意を怠らなかったことを立証すれば，当該責任を免れることができる（会社法462条2項）。

(c) 任務懈怠責任

会社法423条は役員等の会社に対する損害賠償責任を規定しており，役員等は，任務懈怠により会社に生じた損害を賠償する責任を負う。

会社が有価証券報告書等の虚偽記載を行った場合，当該有価証券報告書等の

報告，会計監査人の場合には会計監査報告に関する虚偽記載となる。
2　黒沼悦郎著「第6節　剰余金の配当等に関する責任」森本滋＝弥永真生編『会社法コンメンタール11　計算等(2)』（商事法務，2010年）200頁～201頁。

訂正や，課徴金納付命令による課徴金の納付（③参照），上場契約違約金の支払など（④⑵参照），当該虚偽記載を行ったことにより，会社に損害が生じる可能性があり，役員等は会社法423条に基づき，これらの損害賠償を請求される可能性がある。

⑷ 金商法，会社法，民法不法行為責任の請求関係

有価証券報告書等の虚偽記載により損害を被った投資家は，発行会社等に対して，金商法に基づく損害賠償請求と共に，会社法や民法709条の不法行為責任等を根拠に損害賠償請求を行うことも可能である。金商法に基づく請求権と，会社法，民法に基づく請求権は，請求権競合の関係にあり，投資家は，いずれの請求を行うかを任意に選択することができ，すべての請求権に基づき請求を行うことも可能である。

金商法が，民法の不法行為責任の特則を定めたのは，立証責任の緩和等を行うことにより，損害賠償責任の追及を容易にするためであるとされている[3]。

もっとも，金商法は，発行会社の損害賠償責任について賠償額の上限の規定を置いているため（金商法19条1項・21条の2第1項，詳細は**第3章第2節**②参照），民法の不法行為責任のほうが認容されれば損害賠償額が多くなる場合がある。同様に，会社法350条に基づく請求についても，金商法による請求よりも損害賠償額が多くなる場合がある。

このため，金商法に基づく請求に加え，会社法や民法に基づく請求も実務上行われることが多い。

また，東京地方裁判所（以下「東京地裁」という）や大阪地方裁判所（以下「大阪地裁」という）といった大規模庁では，専門的な訴訟を扱う専門部がある。たとえば，東京地裁では，会社法の事件を扱う商事部がある。専門部の裁判官は，その分野の紛争に多くの知識，経験，実績があるため，その分野の専門的な用語や経験則，判例なども十分理解していることが多い。そこで，たとえば，金商法に基づく請求と会社法に基づく請求の両方が成り立つ可能性があ

---

[3] 加藤貴仁「第18条」岸田雅雄『注釈金融商品取引法　第1巻　定義・情報開示』（金融財政事情研究会，2011年）247頁。

る場合に，会社法の専門的知識を有する裁判官に判断してもらうのが有利と考えられる場合には会社法に基づく請求を主として主張して商事部で審理してもらい，そうでない場合には金商法に基づく請求を主として主張して民事通常部で審理してもらうことも考えられる。

	金商法	会社法	民法
担当部	通常部	商事部	通常部
メリット	・立証が容易である（無過失責任または故意・過失の立証責任の転換，因果関係および損害賠償責任額の法定・推定規定）	・金商法に基づく請求よりも大きい金額を請求できる場合がある	・金商法に基づく請求よりも大きい金額を請求できる場合がある ・虚偽記載に関与した者（協力者等）に対しても請求が可能
デメリット	・損害賠償額に上限がある	・代表者の故意・過失の主張立証が必要 ・損害との因果関係および損害額の主張立証が必要	・故意・過失の主張立証が必要 ・損害との因果関係および損害額の主張立証が必要

2 刑事責任

重要な事項につき虚偽の記載のある有価証券報告書等を提出した場合には，刑事責任も問われる可能性がある（金商法197条）。

刑事罰の対象には，違反行為を行った個人のほか，法人も含まれる。個人の法定刑は10年以下の懲役もしくは1000万円以下の罰金またはこれらの併科であり（金商法197条），法人の場合には7億円以下の罰金である（金商法207条1項1号）。なお，複数の期にわたって有価証券報告書等の虚偽記載を行った場合には，各有価証券報告書等ごとに一罪が成立し，併合罪の関係になる。株式会社オリンパスの事件では検察官から罰金10億円の求刑が行われ，罰金7億円の判決が言い渡された。

また，虚偽記載に伴い，法令または定款の規定に違反して剰余金の配当を

行った場合にも，取締役は，会社法上も刑事責任を問われる可能性がある（会社法963条5項2号）。法定刑は5年以下の懲役もしくは500万円以下の罰金またはこれらの併科である（会社法963条5項2号・1項）。

刑事責任は故意責任であり，過失責任の規定はない。

さらに，役員等は，会社法の計算書類等に虚偽の記載を行った場合，100万円以下の過料に処せられるものとされている（会社法976条7号）。

3 行政処分

金商法は，開示規制違反に対する課徴金制度を設けており，企業が有価証券報告書等に虚偽記載を行った場合，当該会社に行政処分として課徴金が課される（金商法172条の2～172条の4）。

課徴金を課すためには，①証券取引等監視委員会（以下「SESC」という）が調査を行い（金商法26条・177条），課徴金の対象となる法令違反行為があると認めた場合には，内閣総理大臣（内閣総理大臣の権限は金商法194条の7により金融庁長官に委任されている）および金融庁長官に対し勧告を行い[4]（金融庁設置法20条），②これを受けて，金融庁長官が審判手続開始決定を行い（金商法178条），審判手続を行ったうえで，審判官が課徴金納付命令決定案を作成して金融庁長官に提出し（金商法185条の6），③金融庁長官が，当該決定案に基づき課徴金納付命令の決定を行うことになる（金商法185条の7）。

課徴金納付命令を受けた者が，課徴金納付命令の決定に不服がある場合には，30日以内に裁判所に課徴金納付命令の決定の取消しの訴えを提起することがで

---

[4] 実務上ほとんどのケースにおいてSESCの勧告を受けて審判手続の開始決定が行われているが，SESCの勧告は法律上の要件ではなく，SESCの勧告を受けずに審判手続開始決定が行われた事案もある。

たとえば，株式会社アーバンコーポレイションに対する2008年10月10日付審判手続開始決定は，SESCの調査・勧告を受けずに行われている。当該事案でこのような例外的な処理が行われたのには，当該事案における虚偽記載が調達資金の使途という非財務情報に関するものであり，財務情報の場合のように数値の精査が必要なかったこと，同社が自ら記載内容につき訂正を行っており，虚偽記載の存在を半ば自認していたこと等が影響しているものと思われる。

きる（金商法185条の18）。

　課徴金は、過失の有無にかかわらず、違反行為があれば課すことができる。有価証券届出書等の虚偽記載については、募集・売出総額の2.25％（株券等の場合は4.5％）（金商法172条の2）、有価証券報告書等の虚偽記載については、当該会社が発行する株券等の市場価額の総額等の10万分の6または600万円のいずれか大きい額（四半期・半期・臨時報告書等の場合はその2分の1）（金商法172条の4）の課徴金が課される。平成20年の金商法改正時に、課徴金の加算・減算制度が導入された。具体的には、過去5年以内に課徴金の対象となった者が、再度違反した場合には、課徴金の額は1.5倍となる（金商法185条の7第15項）。また、違反者が当局の調査前にSESCに対し報告を行った場合、課徴金の額が半額となる（金商法185条の7第14項）。

　前記2で説明したとおり、有価証券報告書等の虚偽記載に対しては、刑事罰としての罰金も科せられる（金商法207条1項1号）。そのため、被審人（課徴金の対象者）に対して罰金の確定裁判があった時には、課徴金の額を調整することとされ、課徴金の額から罰金の額を控除した額について課徴金納付命令が出される（金商法185条の8第6項）。

4　その他（SESC検査、上場廃止など）

(1)　SESCによる犯則調査、開示検査

①　犯則調査

　開示規制違反について、刑事責任の追及を目的とした調査（犯則調査）は、通常、SESCの特別調査課が開始する。特別調査課は、犯則調査の結果を踏まえて検察官に告発を行い、検察官がさらに捜査を行ったうえで起訴に至るというのが通常の手続の流れである。もっとも、特別調査課の調査と検察官の捜査は完全に分断されているものではなく、特別調査課は、検察官と事実上の情報交換、協議を行いながら犯則調査を進めていき、一定程度、検察官が有罪の心証を得るに至ると、今度は検察官が主体となって特別調査課の助けを借りながらみずから捜査を行う。この結果、検察官が起訴可能との心証に至るとSESCが当該事案につき刑事告発を行い、これを受けて検察官が起訴をすることが多

い。

　特別調査課の調査権限には，任意の質問，検査等（金商法210条）のほか，警察・検察の犯罪捜査と同様，裁判所の令状を得ての捜索，差押え等（金商法211条1項・2項）がある。他方，逮捕権限はない。

② 開示検査

　行政処分（課徴金納付命令）を課すための検査（開示検査といわれる）を実施するのはSESCの開示検査課である。開示検査の結果，開示書類の重要な事項につき虚偽記載が認められた場合には，SESCは金融庁長官に対して課徴金納付命令を発令するよう勧告を行う。また，開示検査の過程で自主的な訂正を促したものの，訂正を行わない会社に対しては，訂正報告書等の提出命令を発令するよう勧告する。さらに，開示検査の結果，「重要な事項」についての虚偽記載とまでは認められなかった場合でも，有価証券報告書等の訂正が望ましいと判断した場合には自発的に訂正するよう促すこともある。

　開示検査に関する検査権限は金商法26条に定められており，権限行使の主体は内閣総理大臣と規定されているが，内閣総理大臣から金融庁長官へ，さらに金融庁長官からSESCに再委任されている（金商法194条の7第1項・3項，同法施行令38条の2第1項）（詳細は**第6章第1節**を参照されたい）。

(2) 　**上場関係**

　日本取引所グループの有価証券上場規程は，上場廃止基準として，「有価証券報告書等に虚偽記載を行った場合であって，直ちに上場を廃止しなければ市場の秩序を維持することが困難であることが明らかであると当取引所が認めるとき」を定めている（有価証券上場規程601条11号）。このため，上場会社が有価証券報告書等に虚偽記載を行った場合，上場廃止基準に該当し，上場廃止となる可能性がある。

　このため，取引所は，上場会社が虚偽記載を行ったことが判明した場合，当該上場会社の株券等を監理銘柄に指定する。監理銘柄とは，上場有価証券が上場廃止基準に抵触するおそれがあることを投資家に周知させるために，当該区分に指定して取引を行うものであり（有価証券上場規程610条），監理銘柄（審査中）と監理銘柄（確認中）がある。監理銘柄（審査中）は，企業が有価証券

報告書等に虚偽記載を行った場合等で審査を行う場合に指定され，監理銘柄（確認中）はそれ以外の場合に指定される（有価証券上場規程施行規則605条）。

　また，取引所は，上場会社が有価証券報告書等に虚偽記載を行った場合であり，かつ，当該上場会社の内部管理体制等について改善の必要性が高いと認めるときは，当該上場会社の株券等を特設注意市場銘柄に指定する（有価証券上場規程501条1項2号a）。特設注意市場銘柄に指定された上場会社は，当該指定から1年経過後速やかに内部管理体制の状況等について記載した内部管理体制確認書を取引所に提出しなければならない（有価証券上場規程501条2項）。取引所は，提出された内部管理体制確認書等に基づき，当該上場会社の内部管理体制について審査を行い（有価証券上場規程501条3項），内部管理体制等に問題があると認められない場合には特設注意市場銘柄の指定を解除する（有価証券上場規程501条4項1号）。取引所が当該上場会社の内部管理体制等に問題があると認めた場合は，内部管理体制等について改善の見込みがなくなったと取引所が認める場合を除き，特設注意市場銘柄の指定を継続する（有価証券上場規程501条4項2号）。その場合，当該上場会社は，特設注意市場銘柄の指定から1年6カ月経過後速やかに，内部管理体制確認書を再提出し，取引所は当該内部管理体制に基づき，再度審査を行うことになる（有価証券上場規程501条5項，6項）。取引所が，上場会社の内部管理体制等について改善の見込みがなくなったと認めた場合等には，当該上場会社の株券等は上場廃止となる（有価証券上場規程601条1項11号の2）。たとえば，株式会社京王ズホールディングスは，平成18年（2006年）10月期から平成23年（2011年）10月期第3四半期までの有価証券報告書等に係る訂正報告書を2011年12月22日に提出したことから，2012年1月18日に特設注意市場銘柄に指定されたが，その後3年が経過しても内部管理体制等に引き続き問題がある場合に該当するとして，有価証券上場規程603条1項6号（マザーズ市場の上場廃止基準，関連規則は同規程601条1項12号（上場契約違反等））に該当するとして，上場廃止になった。

　さらに，上場企業が有価証券報告書等に虚偽記載を行った場合，有価証券上場規程509条に基づき，取引所は当該上場会社に上場契約違約金の支払を求めることができる。上場契約違約金は，市場区分と上場時価総額に応じて算出される（有価証券上場規程施行規則504条）。

(3) 海外捜査当局等

　企業が行った虚偽記載が，海外子会社の虚偽記載や，海外での取引に関係している場合，海外の捜査当局等による捜査も行われる可能性がある。

5 まとめ

以上の概要をまとめると以下の表のようになる。

【図表１】 虚偽記載に関するリーガルリスクの概要

		民事責任		
		民法	金商法	会社法
提出会社		不法行為責任に基づく損害賠償請求（民法709条・719条）	損害賠償請求（金商法18条・21条の2）	損害賠償請求（会社法350条）
役員等			損害賠償請求（金商法21条1項1号・22条1項・24条の4・24条の4の6・24条の4の7・24条の5・24条の6）	損害賠償請求（会社法423条・429条・462条1項）
その他	公認会計士または監査法人		損害賠償請求（金商法21条1項3号・22条1項・24条の4・24条の4・24条の4の6・24条の4の7・24条の5・24条の6）	
	売出人		損害賠償請求（金商法21条1項2号）	なし
	元引受証券会社等		損害賠償請求（金商法21条1項4号）	なし
	その他	【関与した従業員，協力者など】不法行為責任に基づく損害賠償請求（民法709条・719条）	【目論見書使用者】損害賠償請求（金商法17条）	なし

第1節　虚偽記載に関するリーガルリスクの概要

刑事責任	行政処分	その他		
		SESC検査・金融庁検査	上場関係	海外捜査当局等
7億円以下の罰金（金商法197条・207条1項1号）	課徴金（金商法172条の2～4）	金商法26条・177条	上場廃止の可能性 上場契約違約金	可能性あり
10年以下の懲役もしくは1000万円以下の罰金またはこれらの併科（金商法197条） 5年以下の懲役もしくは500万円以下の罰金またはこれらの併科（会社法963条5項2号） 100万円以下の過料（会社法976条7号）	―	金商法26条・177条	―	可能性あり
【共謀した場合】10年以下の懲役もしくは1000万円以下の罰金またはこれらの併科（金商法197条）	課徴金（公認会計士法31条の2） 懲戒処分（公認会計士法30条）	公認会計士法32条2項・3項 金商法26条・177条	―	可能性あり
―	―	金商法26条・177条	―	可能性あり
―	―	金商法26条・177条	―	可能性あり
【共謀した場合】10年以下の懲役もしくは1000万円以下の罰金またはこれらの併科（金商法197条）	―	金商法26条・177条	―	可能性あり

第1章　はじめに―虚偽記載に関するリーガルリスクの全体像

第2節

具体的事例の紹介

1　ライブドア

(1)　事案の概要

　株式会社ライブドア（以下「ライブドア」という）は，1996年にコンピュータネットワークに関するコンサルティング等を目的として設立され，2000年から2006年まで東京証券取引所マザーズ市場に上場していた会社である。ライブドアは，上場後，株式交換等によりM&Aを繰り返して急成長した。

　ライブドアは，平成16年（2004年）9月期の半期報告書および有価証券報告書に，本来売上に計上することができないライブドア株式の売却益を連結売上高に計上し，また，子会社に対する架空の売上高を連結売上高に計上していた。これにより，ライブドアは，平成16年9月期の有価証券報告書に，真実は経常損失が3億1278万4000円発生していたにもかかわらず，連結経常利益50億3421万1000円を計上するという虚偽の記載をした。

(2)　発覚の経緯

　2006年1月16日，東京地方検察庁（以下「東京地検」という）およびSESCが，証券取引法違反の容疑で，ライブドア本社の家宅捜索を含む強制捜査を開始し，同日夕方，当該事実が報道された。

(3)　上場廃止

　東京地検が強制捜査を開始した翌日の2006年1月17日，ライブドアとそのグループ会社6社の7銘柄に，大量の売り注文が殺到した。当時ライブドア株は

東証マザーズ市場の時価総額の約1割を占めていたため、東証マザーズ市場の株価は大幅に下落した。翌18日には、株式市場全体に大量の売り注文が殺到し、東証の売買システムの処理可能件数に迫ったため、「全銘柄取引停止」となった。このことを指して一般にライブドアショックと呼んでいる。

東京証券取引所は、2006年3月13日、SESCによる告発も受け、上場廃止基準2条1項11号aの「上場会社が財務諸表等に『虚偽記載』を行い、かつ、その影響が重大であると東京証券取引所が認めた場合」に該当するとして、ライブドアおよびその関連会社であった株式会社ライブドアマーケティング（以下「ライブドアマーケティング」という）株式の上場廃止を決定し、両社の株式は同年4月14日に上場廃止となった。

(4) 刑事責任

SESCは、2016年2月10日、ライブドアとライブドアマーケティング、ライブドアの元代表取締役社長を含む役員等5名を証券取引法違反（風説の流布および偽計）、同年3月13日にはライブドアと元代表取締役社長を含む役員等5名を証券取引法違反（有価証券報告書虚偽記載）の嫌疑で東京地検に告発した。また、同年3月30日にはライブドアの会計監査を担当していた公認会計士2名を証券取引法違反（有価証券報告書虚偽記載）の嫌疑で東京地検に告発し、東京地検はこれらの者を起訴した。

2007年3月23日、東京地裁は、ライブドアに対し罰金2億8000万円、ライブドアマーケティングに対し罰金4000万円を科す判決を言い渡した。その他、裁判の結果、元代表取締役社長に懲役2年6カ月、元役員のうち1名に懲役1年2カ月、元役員のうち2名に1年6カ月執行猶予3年、元役員のうち1名に懲役1年執行猶予3年、公認会計士2名に懲役1年執行猶予4年の有罪の判決が確定した。

(5) 民事上の損害賠償請求訴訟

ライブドアに対して虚偽記載を理由として投資家が損害賠償を求める訴訟は公表されているだけでも複数提起されている。

生命保険会社、信託銀行等の機関投資家は、ライブドア事件が発覚した2006

年以降，相次いで損害賠償請求訴訟を提起し，東京地裁民事通常部に係属した（旧証取法21条の2（現金商法21条の2），民法709条等）。これらの事件は併合審理され，最高裁において主位的主張である証取法21条の2第2項（当時。現金商法21条の2第3項）による推定損害額の9割である合計約98億8400万円の賠償が認められた（ライブドア事件機関投資家訴訟最高裁判決（最判平24・3・13民集66巻5号1957頁）。第6章参照）。

また，個人投資家3340名も集団で損害賠償請求訴訟を提起し，東京地裁商事部に係属した。東京地裁商事部は個人投資家の請求の一部を認容したところ，投資家の多数の者はこれを受け入れたが，これを不服とする者は控訴した。控訴審では一部の原告と被告ライブドアの間で和解が成立したのち，残る原告についても一部認容の判決が出され，これに対し，上告・上告受理申立て後，被告ライブドアが請求を認諾したことで訴訟が終了している（ライブドア事件個人投資家訴訟東京地裁判決（東京地判平21・5・21判時2047号36頁），ライブドア事件個人投資家訴訟東京高裁判決（東京高判平23・11・30金判1389号36頁））。上告・上告受理申立て中に上記機関投資家事件の最高裁判決が示されたことが影響しているものと思われる。

さらに，株式会社フジテレビジョンがライブドアから約440億円の第三者割当増資を受けていたところ，株価下落後に第三者に約95億円で売却し約345億円の損害を被ったとしてライブドアに対し損害賠償請求訴訟を提起したが，この事件は第1審係属中にライブドアが約310億円を支払うことで和解が成立している。

2 IHI

(1) 事案の概要

株式会社IHI（以下「IHI」という）は，プラント，機械，設備等を製造販売している会社であり，東京証券取引所第一部等複数の金融商品取引所（証券取引所）に株式を上場している。

IHIは，2007年12月27日，工事進行基準適用の長期大規模工事に係る見積原価について，コストダウン効果の評価を見直すべき時期や見積原価への織り込

み漏れなどの過誤が判明したとして，2007年3月期の半期報告書および有価証券報告書について訂正報告書を提出した。

(2) 発覚の経緯

2007年9月10日，IHIの経営会議において，一部の事業において，2007年度営業利益が大幅に悪化する見通しであること，それを主因として2008年3月期業績予想の修正が避けられないことが報告された。報告された損益の悪化が突然かつ巨額のものであったため，IHIが，その内容および原因を調査したところ，長期大規模工事に係る見積原価に過誤のあったことが判明したものである。

(3) 社内調査委員会および社外調査委員会の設置

IHIは，2007年9月10日の経営会議における損益の大幅悪化の報告を受け，同日，代表取締役社長を委員長とする社内調査委員会を設置し，その内容および原因の調査を開始した。

IHIは，同年9月28日，業績予想修正の内容および原因に過年度決算の訂正に係わる問題が含まれていること，通期営業損失の修正額570億円に最大で280億円の損失が加わる可能性があり，総額約850億円の営業損失の修正となることを開示した。

IHIは，同年10月9日，社内調査委員会の調査内容および調査結果について検証を受けることを目的として，同社のグループとは利害関係のない弁護士および公認会計士からなる社外調査委員会を設置した。

同年12月11日，IHIは，前記総額約850億円の営業損失の修正のうち，約300億円については，2007年3月期の営業損益の訂正となる見込みであることを開示した。

同年12月12日，IHIは，社内調査委員会および社外調査委員会の報告を受け，2007年3月期および2006年9月中間期の決算の訂正を行うことおよびその影響額を公表した。

(4) SESCの検査と課徴金納付命令

IHIからの訂正報告書の提出を受け，SESCの検査が行われた。

2008年6月19日，SESCは，検査の結果，有価証券報告書等に法令違反の事実が認められるとして，金融庁長官に対し，金融庁設置法20条1項の規定に基づき，課徴金納付命令を発出するよう勧告を行った。

金融庁は，SESCからの勧告を受け，審判手続を行ったうえで，2008年7月9日，IHIに対し，15億9457万9999円の課徴金納付命令の決定を行った。

(5) 民事訴訟

2008年9月29日，流通市場および発行市場において株式を取得した株主192名から，会社に対し，総額4億1854万6253円の損害賠償を請求する訴訟が提起された（金商法18条1項・19条・21条の2第1項・2項，会社法350条，民法709条）。2014年11月27日，東京地裁は，請求の一部である4817万6110円（株主146名分）

【図表2】 IHI事件の時系列表

	年月日	経　　緯
	2007年9月10日	経営会議において，一部の事業において，2007年度（2008年3月期）営業利益が大幅に悪化する見通しであること等が報告された。**社内調査委員会を設置し，その内容および原因の調査を開始。**
2週間経過	2007年9月28日	総額約850億円の営業損失の修正となる旨**開示。**
1カ月経過	2007年10月9日	**社外調査委員会を設置。**
3カ月経過	2007年12月11日	2007年3月期（過年度）について約300億円の営業損益の訂正見込みを開示。同日**監理ポストに指定**される。
	2007年12月12日	**社内調査委員会および社外調査委員会の調査結果公表。**
	2007年12月27日	2007年3月期の半期報告書および有価証券報告書について**訂正報告書を提出。**
	2008年2月8日	**監理銘柄への指定解除。特別注意市場銘柄に指定**される。
5カ月経過 9カ月経過	2008年7月9日	15億9457万9999円の**課徴金納付命令決定。**
	2009年2月	東京証券取引所に対し内部管理体制確認書を提出。
約1年8カ月後	2009年5月12日	**特設注意市場銘柄への指定解除。**

を認容する判決を言い渡した（IHI事件東京地裁判決（東京地判平26・11・27証券取引被害判例セレクト49巻1頁），**第6章参照**）。2016年10月末現在，控訴審が東京高等裁判所に係属中である。

(6) **刑事責任**

本件では，会社，役員共に起訴されておらず，刑事責任は追及されていない。

(7) **上場関係**

2007年12月11日，東京証券取引所は，IHIが同日行った過年度決算を約300億円訂正する見込みである旨の開示を受け，有価証券報告書等の訂正内容が重要と認められる事由があり，今後の推移および訂正報告書提出後の審査いかんによっては，有価証券上場規程施行規則605条1項14号（上場会社が有価証券上場規程601条11号a前段に該当すると認められる相当の事由があると東証が認める場合）に該当するおそれがあるとして，IHIの株式を監理ポスト[5]に指定した。

2008年2月8日，東京証券取引所は，審査の結果，上場廃止基準に該当しないと判断し，監理銘柄への指定を解除し，内部管理体制等についての改善の必要性が高いとの理由で，有価証券上場規程501条1項の規定に基づき，特設注意市場銘柄に指定した。

IHIは，2009年2月に東京証券取引所に対し，内部管理体制確認書を提出し，同取引所は，審査の結果，内部管理体制等に問題があるとは認められないとして，同年5月12日付で特設注意市場銘柄への指定を解除した。

3 オリンパス

(1) **事案の概要**

オリンパス株式会社（以下「オリンパス」という）は，顕微鏡，写真機，その他光学機械等を製造・販売している会社であり，東京証券取引所第一部等複数の金融商品取引所（証券取引所）に株式を上場している。

---

5 2008年1月以降，監理銘柄に名称変更された。

オリンパスは，有価証券投資等による1000億円以上もの含み損を，10年以上の長期間にわたり隠ぺいし，M＆Aによる買収資金を当該損失を解消するために利用していた。

(2) 発覚の経緯

オリンパスは，2011年10月14日，取締役会において，マイケル・ウッドフォード代表取締役に組織の権限規定に違反する独断専行の行為があったとして，代表取締役・社長執行役員の解職を決議した。これに対し，ウッドフォード氏は，不明朗な国内外の企業買収により，前経営陣がオリンパスに多額の損害を加えていた疑いがあると公表し，株価が急落した。このため，実態解明を求める株主の声が高まり，オリンパスは，第三者委員会を設置して調査を行うことになった。

(3) 第三者委員会の調査

オリンパスは，2011年11月1日に，同社と利害関係を有しない弁護士および公認会計士による第三者委員会を設置し，調査を開始した。

第三者委員会は，2011年12月6日，調査結果を報告した。調査の結果，オリンパスは，1990年代頃から有価証券投資等にかかる含み損の損失計上を先送りしており，同含み損を解消するためにM＆Aの買収資金[6]を複数のファンドを通す等の手法を利用し，この手法により2003年には1177億円もの損失計上の先送りを行っていたことが判明した[7]。

第三者委員会の調査報告書によれば，当該損失先送りは，元社長や元常勤監査役が経理部在籍時代に，複数の証券会社社員の協力を得て，スキームを検討し開始したとされており，元社長2名，当時の経理部長でその後監査役となっ

---

6 第三者委員会の調査報告書によれば，イギリスのGyrus Group PLC（以下「ジャイラス」という）のほか，株式会社アルティス，NEWS CHEF株式会社，および株式会社ヒューマラボの国内企業3社の買収資金が，複数のファンドを通す等の方法により，損失計上先送りによる投資有価証券等の含み損を解消するためなどに利用されていたとされている。

7 オリンパス株式会社第三者委員会調査報告書。

た者らも報告を受け知っていたとされている。

(4) 責任調査委員会の設置

オリンパスは，第三者調査委員会の調査結果を受け，取締役，監査役，会計監査人，執行役員の責任を明らかにするため，独立性を確保した利害関係のない立場にある弁護士からなる取締役責任調査委員会，および，監査役等責任調査委員会を設置し調査を行った。

2012年1月7日，取締役責任調査委員会は，監査役会に，19名の現旧取締役について善管注意義務違反等が認められるとの調査報告書を提出した。これを受け，オリンパスは，同月8日，当該取締役19名に対し，各取締役の支払能力や責任原因に対する関与の度合い等を考慮し，損害額の一部請求として，各1億1000万円から36億1000万円の損害賠償請求訴訟を提起した。2016年3月24日，取締役13名との間で，取締役13名が，解決金として合計7197万600円を支払う旨の和解が成立した。

また，2012年1月16日，監査役等責任調査委員会は，5名の現旧監査役について善管注意義務違反等が認められるが，監査法人と執行役員については責任が認められないとの調査報告書を提出した。これを受け，オリンパスは，同月17日，当該監査役5名に対し，各監査役の支払能力や責任原因に対する関与の度合い等を考慮し，損害額の一部請求として，各5億円の損害賠償請求訴訟を提起した。2016年5月12日，監査役4名との間で，監査役4名が，解決金として合計1286万6400円を支払う旨の和解が成立した。

(5) SESCの調査と課徴金納付命令

2012年4月13日，SESCは，内閣総理大臣および金融庁長官に対し，金融庁設置法20条1項の規定に基づき，オリンパスに対する約1億9182万円の課徴金納付命令を発出するよう勧告を行った。これを受け，金融庁は，審判手続を開始し，同日，オリンパスは，通知書記載の内容を認め，同年7月11日，課徴金納付命令の決定が行われた。

なお，その後，オリンパスに対する金商法違反等による刑事裁判が行われ，罰金7億円の判決が確定し，罰金の額が課徴金の額を上回ったため，罰金のみ

が科されることになり（金商法185条の8第6項ただし書・8項），課徴金納付命令一部取消しの決定が行われている。なお，課徴金納付命令の対象となった各書類のうち，調整の対象となるのは，刑事裁判の判決の対象となった各有価証券報告書および各有価証券報告書と同一事業年度における半期報告書ならびに四半期報告書であり，これらの書類と重複しない部分については調整の対象とはならないため，一部取消となっている。

(6) 民事訴訟

オリンパスは，1990年代から10年以上の長期にわたって虚偽記載を行っており，この間第三者割当増資を行い，また米国預託証券も発行していた。このため，国内外において，多くの損害賠償請求訴訟が提起された。公開されている資料から判明しているだけでも，少なくとも以下のような訴訟が提起された。

① 米国での訴訟

訴訟提起日	原告	訴額	帰結
2011年11月14日	米国預託証券を購入した個人	260万3500ドル（約2億6000万円）	2013年9月26日　和解合意 約2億6000万円の支払

② 国内訴訟

訴訟提起日	原告	訴額	請求根拠	帰結
2012〜2014年	国内および海外の機関投資家（計4件）	約698億円	民法709条・715条，会社法350条，金商法21条の2	①2014年12月26日　機関投資家1社との間で43億6000万円の支払で和解成立。②2015年3月27日　海外機関投資家2件との間で最大110億円の支払で和解成立。

2012年7月23日	第三者割当増資により株式を取得した企業	66億1166万9900円	証取法18条1項および2項・19条	2013年11月18日和解成立。60億円の支払。
2012～2013年	国内個人株主等（集団訴訟）	約2000万円	金商法21条の2	2015年7月21日大阪地裁が請求認容判決言い渡し(注1)。
2013年6月	個人株主	1億1177万2009円	金商法21条の2	2015年3月19日東京地裁が4818万円の一部請求認容判決言い渡し(注1.2)。判決確定。

(注1) 詳細は第6章を参照されたい。
(注2) この訴訟において，原告は，虚偽記載がなければ株式を取得していなかったと主張して，譲渡損失相当額の損害を請求したが，同判決は，「被告が，平成12年3月期以降継続してきた損失計上の先送りに関する虚偽記載をやめ，あるいはその虚偽記載を訂正していた場合であっても，被告が債務超過ないし虚偽記載に係る各上場廃止基準に該当していた蓋然性は極めて低く，原告が本件株式を取得した平成23年10月当時において被告株式につき上場廃止の措置が取られていた蓋然性は極めて低かったということができる。」として，「原告が，本件株式を取引所市場で取得した当時，本件虚偽記載がなければ，本件株式を取得することができなかったとはいえない」と判示した（オリンパス事件東京地裁判決（東京地判平27・3・19判時2275号129頁），第6章参照）。

(7) 刑事責任

2011年12月21日，東京地検，警視庁およびSESCがオリンパスに対する強制調査を開始した。

2012年3月6日，SESCが，証券取引法および金商法違反の嫌疑で，オリンパスと同社の元代表取締役を含む元役員3名，指南役の元証券会社社員を東京地検に告発した。翌7日，東京地検はオリンパスと元役員ほか6名を起訴した。

同年7月3日，東京地裁はオリンパスに対し罰金7億円とする判決を言い渡し，同判決は確定している。

また，東京地裁は，オリンパスの元会長に懲役3年執行猶予5年，元監査役に懲役3年執行猶予5年，元取締役に懲役2年6カ月執行猶予4年を言い渡し，

同判決が確定している。

　さらに，指南役の元証券会社社員に懲役1年6カ月執行猶予3年・罰金700万円，指南役の元証券会社社員2人について詐欺罪と組織犯罪処罰法違反により懲役4年・罰金1000万円と懲役3年・罰金600万円，同じく1名に対し組織犯罪処罰法違反により懲役2年執行猶予4年・罰金400万円の判決が言い渡されている。

(8)　上場関係

　オリンパスは，2011年11月10日，第三者委員会の調査結果の報告書を受領した上で2012年3月期第2四半期報告書の適正性を確認する必要があるため，同報告書を，提出期限までに提出できないことを開示した。これを受け，東京証券取引所は，同日，オリンパス株式を監理銘柄（確認中）に指定した。

　さらに，東京証券取引所は，同年12月6日，オリンパスが第三者委員会から受領した調査報告書の内容をふまえ，有価証券報告書等の訂正報告書を提出する予定であることを開示したことを受け，同日，その訂正内容が重要と認められる相当の事由があり，虚偽記載に関する上場廃止基準に該当するおそれがあるとして，オリンパス株式を監理銘柄（審査中）に追加指定した。

　東京証券取引所は，2012年1月21日，審査の結果，虚偽記載の内容については，財務諸表への影響は長期間に及んでいたものの，損失の隠ぺい行為は一部の関与者のみが行ったものであり，また，利益水準や業績トレンドを大きく見誤らせるものではなく，上場廃止が相当であるとする程度まで投資者の投資判断が著しく歪められていたとは認められないとして，監理銘柄の指定を解除し，特設注意市場銘柄に指定した。

　また，同日，東京証券取引所は，同取引所が開示を行う場合の遵守事項に違反したと認める場合であって，当該上場会社が，同取引所の市場に対する株主および投資者の信頼を毀損したと認められたとして，有価証券上場規程509条1項1号に基づき，オリンパスに対し上場契約違約金1000万円を徴求した。

　2013年1月21日，オリンパスは，東京証券取引所に内部管理体制確認書を提出した。

　東京証券取引所は，当該内部管理体制確認書を確認した結果，内部管理体制

第2節　具体的事例の紹介

【図表３】　オリンパス事件の時系列表

	年月日	経　緯
	2011年10月14日	マイケル・ウッドフォード代表取締役・社長執行役員を解職。同氏，前経営陣がオリンパスに多額の損害を加えていた疑いを公表。
	2011年11月1日	**第三者委員会を設置し，調査を開始。**
	2011年11月8日	**過去の損失計上先送りを公表。**
約３週間	2011年11月10日	**監理銘柄（確認中）に指定される。**
１カ月経過	2011年12月6日	第三者委員会の調査の調査結果公表。
	2011年12月6日	**監理銘柄（審査中）に追加指定される。**
２カ月経過	2011年12月21日	東京地検等がオリンパスに対する**強制調査を開始**。
	2012年1月7日	**取締役責任調査委員会調査報告書提出。**19名の現旧取締役について善管注意義務違反等が認められるとの内容。
	2012年1月8日	現旧取締役19名に対し損害賠償請求訴訟を提起。
３カ月経過	2012年1月16日	**監査役等責任調査委員会調査報告書提出。**5名の現旧監査役について善管注意義務違反等が認められるとの内容。
	2012年1月17日	**現旧監査役5名に対し損害賠償請求訴訟を提起。**
４カ月経過	2012年1月21日	**特設注意市場銘柄に指定。上場契約違約金1000万円**徴求される。
	2012年3月6日	SESCがオリンパスを東京地検に告発。
	2012年3月7日	**東京地検がオリンパスを起訴。**
６カ月経過	2012年4月13日	SESCが，課徴金納付命令を勧告。
	2012年7月11日	金融庁が約１億9182万円の**課徴金納付命令決定**。
１年経過	2013年1月21日	東京証券取引所に内部管理体制確認書を提出。
	2013年6月11日	**特設注意市場銘柄の指定解除。**
	2013年7月3日	東京地裁が**罰金7億円**とする判決を言い渡し。
	2013年9月3日	英国重大不正捜査局がオリンパスおよびジャイラスを訴追。
２年経過	2015年11月10日	英国ロンドンのサザーク刑事法院，オリンパス等に対し無罪判決。
	2016年3月24日	訴訟中の現旧取締役のうち13名との間で和解が成立。
	2016年5月12日	訴訟中の現旧監査役のうち4名との間で和解が成立。

等に問題があるとは認められないとして，同年6月11日，オリンパス株式の特設注意市場銘柄の指定を解除した。

第1章　はじめに―虚偽記載に関するリーガルリスクの全体像

(9) 海外捜査当局による捜査

オリンパスは，イギリスのジャイラスを買収する資金を損失隠しに利用していた。その関連で，オリンパスは，英国重大不正捜査局（SFO）の捜査も受けた。

英国重大不正捜査局は，2013年9月3日，ジャイラスの2009年度および2010年度決算関連書類における会計監査人に対する説明が，重要な点において誤解を生じさせるものまたは虚偽のものであり，これが英国2006年会社法501条違反の罪を構成するとして，オリンパスおよびその子会社であるジャイラスを訴追した。しかし，2015年11月10日，英国ロンドンのサザーク刑事法院は，オリンパスおよびジャイラスに対し無罪判決を言い渡した。

4 東芝

(1) 事案の概要

株式会社東芝（以下「東芝」という）は，電気機械器具等を製造・販売している会社であり，東京証券取引所第一部等複数の金融商品取引所（証券取引所）に株式を上場している。

東芝は，2009年3月期から2014年3月期第3四半期までの間に，工事進行基準案件における工事原価総額の過小見積，棚卸資産の過大評価，費用の先送り等により，累計で約1518億円の不適切な会計処理を行っていた。

(2) 発覚の経緯

東芝は，2015年2月12日，SESCから金商法26条に基づき報告命令を受け，工事進行基準案件等について開示検査を受けた。同年3月下旬，東芝は同検査に対応するための自己調査の過程において，工事進行基準案件に係る会計処理について調査を必要とする事項が判明した[8]。

8　株式会社東芝第三者委員会調査報告書。

(3) 特別調査委員会の調査

東芝は，2015年4月3日，取締役会長を委員長とし，社外の弁護士および会計士を委員とする特別調査委員会を設置し，調査を開始した。特別調査委員会の調査の過程において，一部の工事進行基準案件について，工事原価総額が過小に見積もられ，工事損失等が適時に計上されていない等の事象が判明すると共に，その他にもさらなる調査が必要な事項が判明し，調査に時間を要する状況となった[9]。

(4) 第三者委員会の調査

このような状況を受け，東芝は，2015年5月8日，調査結果に対するステークホルダーの信頼を高めるため，日本弁護士連合会のガイドラインの枠組みに準拠した，東芝と利害関係を有しない外部の専門家で構成される第三者委員会による調査の枠組みに移行し，さらなる調査を行うこととした。

第三者委員会は，2015年7月20日，調査結果を報告した。調査報告書によれば，東芝は，2009年3月期から2014年3月期第3四半期までの間に，工事進行基準案件における工事原価総額の過小見積，棚卸資産の過大評価，費用の先送り等により，累計で約1518億円の不適切な会計処理を行っていたとされている[10]。

(5) 株主からの提訴請求と役員責任調査委員会の設置

2015年9月9日，東芝は，一部の株主から，会社法847条1項に基づく役員の責任を追及する訴えの提訴請求を受けた。

そのため，東芝は，同月17日，不適切会計問題に関し，同社の現旧取締役および執行役98名（以下「取締役ら」という）の職務執行の任務懈怠の有無，および，取締役らに対し責任追及を行うべきかについて，取締役らと利害関係を有しない外部の法律家で構成する役員責任調査委員会を設置し，調査を開始した。

9　株式会社東芝第三者委員会調査報告書。
10　株式会社東芝第三者委員会調査報告書。

2015年11月7日，役員責任調査委員会は，5名の元取締役について任務懈怠が認められるが，その他の調査対象とした現旧取締役および執行役については不適切会計処理に関する法的責任を認めることができないとの調査報告書を提出した。これを受け，東芝は，同日，任務懈怠が認められるとされた元取締役5名に対し，任務懈怠行為と法的観点から相当因果関係が認められる範囲内の損害の一部について，当面の請求として，回収可能性等も勘案し，総額3億円の損害賠償請求訴訟を提起した。

その後，2016年1月27日，東芝は，金融庁から約73億円の課徴金納付命令の決定を受け課徴金を納付したこと，訂正報告書に係る監査報酬約20億円の支払を行ったことを受け，これらの追加の損害につき，各被告の任務懈怠と相当因果関係が認められる範囲内で，元取締役5名に対する請求金額を総額32億円に拡張した。

東芝は，2016年3月3日にも，別の株主から前記5名以外の元取締役等23名に対する提訴請求を受けたが，追加の訴え提起は行わなかった。

(6) SESCの調査と課徴金納付命令

2015年12月7日，SESCは，内閣総理大臣および金融庁長官に対し，金融庁設置法20条1項の規定に基づき，東芝に対する73億7350万円の課徴金納付命令を発出するよう勧告を行った。これを受け，金融庁は，審判手続を開始し，同月17日，東芝は，通知書記載の内容を認め，同月24日，課徴金納付命令の決定を受けた。

(7) 民事訴訟

2015年6月頃，米国預託証券の保有者が，東芝および東芝の元取締役らを被告として，米国カリフォルニア州の裁判所に集団訴訟を提起したが，同裁判所は2016年5月20日，本件集団訴訟を棄却する旨の決定をした。

国内でも，2016年10月末時点で開示されている情報によれば，国内および海外の機関投資家ならびに個人投資家から，会社に対し，総額約319億円の損害賠償を請求する訴訟が提起されている。

(8) 刑事責任

2016年9月現在では，強制捜査や刑事告発等は行われていない。

(9) 上場関係

東芝は，第三者委員会の2015年7月20日付調査報告書において，過年度の有価証券報告書等に不適切会計があったことを指摘され，同年9月7日に過年度決算を訂正した。これを受け，東京証券取引所および名古屋証券取引所は，東芝は内部管理体制等において深刻な問題を抱えており，当該内部管理体制等について改善の必要性が高いと認められるとして，有価証券上場規程501条1項2号aおよび上場有価証券の発行者の会社情報の適時開示等に関する規則47条1項2号aに基づき，同月15日をもって東芝株式を特設注意市場銘柄に指定した。

また，東京証券取引所は，同月14日，内部統制の機能不全により，不正会計が長年にわたって継続されていた事実をふまえると，取引所市場に対する株主および投資者の信頼を毀損したと認められるとして，東芝に対し，有価証券上場規程509条1項1号に基づき，上場契約違約金9120万円を徴求した。名古屋証券取引所も，同日，東芝に対し，同様の理由から上場有価証券の発行者の会社情報の適時開示等に関する規則54条1項1号に基づき上場契約違約金1740万円を徴求した。

第1章　はじめに―虚偽記載に関するリーガルリスクの全体像

【図表4】　東芝事件時系列表

	年月日	経　　緯
1カ月経過	2015年2月12日	SESC、工事進行基準案件等について開示検査。
	2015年3月下旬	自己調査の過程において、工事進行基準案件に係る会計処理について調査を必要とする事項が判明。
2カ月経過	2015年4月3日	**特別調査委員会設置、調査を開始。**
	2015年5月8日	**第三者委員会の調査に移行。**
3カ月経過	2015年7月20日	**第三者委員会調査結果報告。**累計で約1518億円の不適切な会計処理を行っていたことが判明。
6カ月経過	2015年9月7日	**過年度決算を訂正。**
	2015年9月9日	株主から、**役員責任追及訴訟の提訴請求。**
	2015年9月14日	東京証券取引所は、東芝に対し**上場契約違約金9120万円**を、名古屋証券取引所は1740万円を徴求した。
	2015年9月15日	**特設注意市場銘柄に指定。**
	2015年9月17日	**役員責任調査委員会を設置。**
9カ月経過	2015年11月7日	**役員責任調査委員会調査報告書提出。元取締役5名に対し損害賠償請求訴訟を提起**（総額3億円）。
	2015年12月24日	73億7350万円の**課徴金納付命令決定。**
	2016年1月27日	課徴金納付命令決定等を受け、**元取締役5名に対する損害賠償請求額を総額32億円に拡大。**

第2章

責任論

　本章では，第1章で説明した有価証券報告書等の虚偽記載に関する法律関係のうち，金商法に基づく責任規定に限定して説明する。
　第1章で説明したとおり，虚偽記載に関する金商法上の責任規定は，有価証券を募集・売出しに応じて取得する発行市場における取得者に対する責任規定と，市場で流通している有価証券を取得する流通市場での取得者（処分者も含む）に対する責任規定に大別することができ，投資家が，発行市場で取得したか流通市場で取得（または処分）したか，および，責任主体ごとに責任の性質や主張立証責任，損害賠償額に関する規定，時効など，規定の内容が異なっている。そこで，まず，請求の類型について説明したうえで（第1節），責任規定の各要件について説明する。

第2章 責任論

第1節

金商法に基づく請求の類型

　虚偽記載に関する金商法上の責任規定は，有価証券を募集・売出しに応じて取得する発行市場における取得者に対する責任規定と，市場で流通している有価証券を取得する流通市場での取得者（処分者も含む）に対する責任規定とに大別することができる。

1 発行市場での取得者に対する責任

　発行市場での取得者に対する責任規定としては，①有価証券を募集・売出しに応じて取得した者に対する発行会社や役員等の責任を定めた規定（金商法18条1項・21条1項・23条の12第5項・18条2項・21条3項），②有価証券届出書の効力発生前の取引や目論見書を交付しないで行った取引により有価証券を取得させた者の責任規定（金商法16条・23条の12第4項），③虚偽記載のある目論見書・資料を使用した者の責任規定（金商法17条・23条の12第5項）がある。

　発行市場での取得者に対する責任規定であるから，請求権者は，有価証券を募集または売出しに応じて取得した者である。平成26年の金商法改正で，流通市場における請求権者に有価証券を処分した者も加えられた（下記2参照）。しかし，発行市場においては，「有価証券を処分した者」は想定されないため，発行市場における請求権者は，有価証券を取得した者とされている。

　対象となる書類は，有価証券届出書（金商法18条1項・21条1項），発行登録書（金商法23条の12第5項），目論見書等（金商法17条・18条2項・21条3項）である。責任原因は，これらの書類について，①重要な事項について虚偽の記載があること，②記載すべき重要な事項が欠けていること，③誤解を生じさせな

いために必要な事実の記載が欠けていることである。

　責任を負う主体は，発行会社（金商法18条1項），役員等（金商法21条1項1号），発起人（金商法21条1項1号），売出人（金商法21条1項2号），公認会計士または監査法人（金商法21条1項3号），元引受契約を締結した証券会社または登録金融機関（金商法21条1項4号）である。また，別途，虚偽記載のある目論見書等を使用した者も責任を負うこととされている（金商法17条）。これらの責任主体ごとに責任の性質や立証責任，損害賠償額に関する規定，時効など，その責任の内容が異なっている（第3節，第4節参照）。

　有価証券を取得した者が，取得の申込みの際，記載が虚偽であり，または欠けていることを知っていたときは，責任を負わない（金商法18条1項ただし書等）。

2　流通市場での取得者に対する責任

　金商法は，流通市場での取得者に対する責任規定も定めている（金商法21条の2・22条・23条の12第5項・24条の4等）。

　平成16年改正前の旧証券取引法には，流通市場における提出会社の損害賠償責任に関する特則は規定されていなかったが，平成16年改正において，流通市場における提出会社の損害賠償責任に関する規定が設けられ，発行会社の責任は無過失責任とされた（平成26年改正前金商法21条の2第1項）。その後，平成26年改正において，過失責任に変更されている（平成26年改正後金商法21条の2第2項）（第3節2(1)参照）。

　請求権者は，流通市場において有価証券を取得した者または処分した者である。平成26年改正において，請求権者に有価証券を処分した者も加えられた（金商法21条の2第1項・22条1項）。

　対象となる書類は，有価証券届出書，発行登録書，有価証券報告書，内部統制報告書，四半期報告書，半期報告書，臨時報告書，自己株券買付状況報告書，親会社等状況報告書，およびこれらの訂正報告書などである（金商法25条1項（5号および9号を除く），21条の2第1項）。なお，目論見書は，公衆縦覧に供されないため対象となっていない。責任原因は，これらの対象書類について，①

重要な事項について虚偽の記載があること，②記載すべき重要な事項が欠けていること，③誤解を生じさせないために必要な事実の記載が欠けていることである。

　責任を負う主体は，発行会社（金商法21条の2第1項），役員等（金商法22条1項），発起人（金商法22条1項），公認会計士または監査法人（金商法22条1項）である。発行市場における規定で責任主体とされている売出人や元引受契約を締結した証券会社等は，流通市場における責任規定では責任主体とはされていない。売出人や元引受契約を締結した証券会社等は，流通市場に関係しないためであるとされている[1]。

　有価証券を取得した者が，取得の申込みの際，記載が虚偽であり，または欠けていることを知っていたときは，責任を負わないことは，発行市場における責任と同様である（金商法21条の2第1項ただし書等）。

---

[1] 鈴木竹雄＝河本一郎『証券取引法（新版）』（有斐閣，1985年）231頁。

第2節

虚偽記載の意義

　有価証券報告書等の虚偽記載について，金商法に基づく損害賠償請求が認められるためには，有価証券報告書等に虚偽記載が存在すること，および，当該虚偽記載が重要な事項についての虚偽記載であることが必要である。そこで，まず虚偽記載の類型（後記[1]），虚偽記載の有無の判断（後記[2]）について説明したうえで，「重要性」の判断（後記[3]）について説明する。

[1] 虚偽記載の類型

(1) 金商法の規定

　金商法は，虚偽記載について，①「重要な事項について虚偽の記載があること」，②「記載すべき重要な事項が欠けていること」，③「誤解を生じさせないために必要な事実の記載が欠けていること」の3つの類型を規定している（金商法10条等）。本書では，これらの3つの類型を個別に，または総称して「虚偽記載」と呼ぶ。

　金商法は上記①ないし③の具体的意義については規定していない。実務上は，①は，「有価証券報告書等の記載事項のうち，投資判断に重大な影響を与える事項について不実の開示をした場合（積極的開示）」，②は「不実の開示はしていないが，開示義務があるにもかかわらず，投資判断に重大な影響を与える事項を開示しない不作為がある場合（消極的開示）」，③は「一定の事実が開示されているものの，その開示が投資者に誤解を招くような場合（不完全開示）」を意味するものと考えられている（東京地判平20・6・13判時2013号27頁）。

(2) 財務情報・非財務情報

　また，虚偽記載には，有価証券報告書等の売上高，利益，引当金等の計数等の財務情報に関する虚偽記載と，それ以外の非財務情報に関する虚偽記載とがある。株式会社西武鉄道は，有価証券報告書の「大株主の状況」の記載において，株式会社コクド（以下「コクド」という）が所有する西武鉄道株式の数について，コクドが自社名義で所有する株式数のみを記載してコクドが他人名義で所有する株式（名義株）を除外し，過少に虚偽の報告をしたが，裁判例において，これは非財務情報に関する虚偽記載にあたると認定されている（東京地判平20・4・24判時2003号147頁）。

2　虚偽記載（財務情報）の有無の判断

(1) 財務情報に係る虚偽記載の判断の基準

　有価証券報告書等に含まれる財務諸表等は，財務諸表の用語・様式及び作成方法等に関する規則（以下「財務諸表規則」という）に従って作成される。財務諸表規則1条1項は，財務諸表は「一般に公正妥当と認められる企業会計の基準」に従うものと定めている。他方，会社法431条は，「株式会社の会計は，一般に公正妥当と認められる企業会計の慣行に従うものとする。」と定めており，会社法施行前の旧商法32条2項は「商業帳簿ノ作成ニ関スル規定ノ解釈ニ付テハ公正ナル会計慣行ヲ斟酌スベキ」と定めていた。

　この旧商法32条2項の「公正ナル会計慣行」と会社法431条の「一般に公正妥当と認められる企業会計の慣行」については，実質的には大きな変更はなかったものと考えられている[2]（以下，旧商法の「公正ナル会計慣行」と会社法431条の「一般に公正妥当と認められる企業会計の慣行」をあわせて「公正な会計慣行」という）。

　また，財務諸表規則1条1項の「一般に公正妥当と認められる企業会計の基準」と，会社法上の「一般に公正妥当と認められる企業会計の慣行」も，ほぼ

---

[2]　岸田雅雄「公正な会計慣行」岩原紳作＝小松岳志『会社法施行5年　理論と実務の現状と課題』（有斐閣，2011年）198頁。

同義であると考えられている[3]。

　したがって，財務諸表に係る虚偽記載の判断の基準は，「一般に公正妥当と認められる企業会計の基準」であり，これは「公正な会計慣行」と同義であると解される。

　実際，有価証券報告書等の虚偽記載の有無が問題となった裁判においても，虚偽記載の有無は，「公正な会計慣行」に基づき判断が行われている（長銀粉飾決算事件最高裁判決（最判平20・7・18刑集62巻7号2101頁），足利銀行事件宇都宮地裁判決（宇都宮地判平23・12・21判時2140号88頁），**第6章**参照等）。

　したがって，請求者側が虚偽記載であることを主張するためには，当該決算期における公正な会計慣行に基づき，当該会計処理が許容される余地がないことを明らかにする必要があり，少なくとも以下の事項について，具体的な主張立証をする必要がある。

---

① 虚偽記載があると主張する取引について，当該会計期間に適用される「一般に公正妥当と認められる企業会計の基準」（「公正な会計慣行」）となる基準
② 虚偽記載があると主張する取引についての個別の具体的事実関係
③ ②を①の基準に正しくあてはめた場合の適正な会計処理
④ 実際に行われた会計処理と③の会計処理との間に差異が生じていること

　なお，判断の基準が「一般に公正妥当と認められる企業会計の基準」（「公正な会計慣行」）である以上，仮に財務諸表等の内容が有価証券報告書等に依拠すると記載されている基準に従っていないとしても，当該基準が「一般に公正妥当と認められる企業会計の基準」（「公正な会計慣行」）になっていなければ，虚偽記載にあたらないとされている（足利銀行事件宇都宮地裁判決（宇都宮地判平23・12・21判時2140号88頁））。

3　岸田雅雄「公正な会計慣行」岩原紳作＝小松岳志『会社法施行5年　理論と実務の現状と課題』（有斐閣，2011年）202頁。

ただし，架空循環取引など，会計記録への計上の基礎となる取引の実在性を欠く場合は，会計基準の問題ではなく，事実に反する虚偽の記載となるとされている（アイ・エックス・アイ事件（大阪地判平24・3・23判時2168号97頁））。この場合には，請求者側が当該取引が取引の実在性を欠くことを主張立証する必要がある。

(2) 「一般に公正妥当と認められる企業会計の基準」の意味

　上記(1)のとおり，金商法上の財務諸表に係る虚偽記載の判断基準は「一般に公正妥当と認められる企業会計の基準」であるが，「公正な会計慣行」とほぼ同義である。そして「公正な会計慣行」については，2008年および2009年に刑事事件に関する最高裁判決が出ているほか（長銀粉飾決算事件最高裁判決（最判平20・7・18刑集62巻7号2101頁），日債銀粉飾決算事件最高裁判決（最判平21・12・7刑集63巻11号2641頁）），長銀の民事事件に関する高裁判決（長銀配当損害賠償事件東京高裁判決（東京高判平18・11・29判タ1275号245頁））があり，その後もほぼこの判旨に沿って考えられている。

①　裁判例における「公正な会計慣行」の意義

　「公正な会計慣行」とは，一般的に広く公正な会計上のならわしとして相当の期間繰り返して行われ定着している，企業会計の処理に関する具体的な基準あるいは処理方法をいう。

　旧商法32条2項が「会計基準」という用語ではなく「会計慣行」という文言を用いて，立法作用によらずに企業会計の基準を変更し得ることを容認した趣旨からすると，企業会計の実務の実際の動向を考慮することが当然の前提となる。「慣行」という以上，広く会計上のならわしとして相当の時間繰り返して行われていることが必要であり，その内容が合理的なものであっても，そのことだけでただちに「会計慣行」になるものではないとされている。

　もっとも，旧商法32条2項が，会計慣行の斟酌を命じることにより，企業会計の実務の発展に法が適時に対応することを容認している趣旨に照らすならば，ある会計基準の指示する特定の会計処理方法が，その基準時点とされる時点以後，ある業種の商人の実務において広く反復継続して実施されることがほぼ確実であると認められるときには，例外的にその会計処理方法が同条項にいう

「会計慣行」に該当する場合があると解されている（長銀配当損害賠償事件東京高裁判決（東京高判平18・11・29判タ1275号245頁））。

② 企業会計審議会および企業会計基準委員会により公表された企業会計の基準

財務諸表規則1条2項および3項は「企業会計審議会により公表された企業会計の基準」、および「企業会計基準委員会により公表された企業会計の基準」は「一般に公正妥当と認められる企業会計の基準」に該当するものと定めている。

そのため、有価証券報告書提出会社については、「企業会計審議会により公表された企業会計の基準」、および、「企業会計基準委員会により公表された企業会計の基準」の適用が強制されることから、会社法上も「公正な会計慣行」にあたると解されている[4]。ただし、財務諸表規則1条2項および3項は「一般に公正妥当と認められる企業会計の基準」にあたるものを例示しているにすぎず、「一般に公正妥当と認められる企業会計の基準」は「企業会計審議会により公表された企業会計の基準」、および、「企業会計基準委員会により公表された企業会計の基準」に限られず、当該基準が常に唯一の「一般に公正妥当と認められる企業会計の基準」あるいは「公正な会計慣行」になるわけではない[5]。

これに対し、日本公認会計士協会が作成・公表している委員会報告等（実務指針）については、「公正な会計慣行」への該当性が明らかではない。

この点、企業会計審議会の委任を受けて策定された会計制度委員会報告とそうではない監査委員会報告とでは異なる位置付けを与える裁判例が見られるようになっているとの指摘がある[6]。

たとえば、三洋電機事件違法配当代表訴訟大阪地裁判決（大阪地判平24・9・28判時2169号104頁）は、日本公認会計士協会の会計制度委員会報告第14号「金融商品会計に関する実務指針」について、「平成14年3月期において、平成13年度改正後の金融商品会計実務指針の適用が開始された。しかし、適用初年度であるから、一般的に広く会計上のならわしとして相当の時間繰り返して行わ

---

4 弥永真生『会計基準と法』（中央経済社、2013年）80頁。
5 弥永真生『会計基準と法』（中央経済社、2013年）139頁。
6 弥永真生「法と会計：会計判断は法制度を超えられるか？」青山アカウンティングレビュー4号30頁。

れているとはいえず，当然には慣行性があるとはいえない。もっとも，金融商品会計基準は，上場企業において，有価証券報告書を提出するにあたり，これに従うことが法的に強制されていたから（旧証券取引法193条，財務諸表規則1条1項2項），会計実務において広く反復継続して実施されることがほぼ確実であった。そして，上記の金融商品会計実務指針は，金融商品会計基準に従う企業においては同様に実施されることがほぼ確実なものということができる。そうすると，金融商品会計基準等については，例外的に慣行性を認めてよい。このように，<u>平成13年改正後の金融商品会計実務指針については，事実の積み重ねではなく，金融商品会計基準等が一定の企業において実施が確実であるという点から慣行性が肯定されるのである。このような場合，金融商品会計基準等の文言の一般的かつ合理的な解釈から導かれる会計処理の方法が会計慣行の内容となると解するのが相当である</u>」と判示し，相当の時間繰り返し行われていなくても慣行性を認め，「公正な会計慣行」への該当性を肯定した。

　他方，足利銀行事件宇都宮地裁判決（宇都宮地判平23・12・21判時2140号88頁）は，日本公認会計士協会銀行等監査特別委員会報告第4号「銀行等金融機関の資産の自己査定並びに貸倒償却及び貸倒引当金の監査に関する実務指針」（四号実務指針）について，「四号実務指針は，そもそも監査上の取扱いに関する指針である以上，これが公表後直ちに監査の対象である金融機関にとって遵守すべき「公正な会計慣行」に当たるとはいえない」と判示した。また，同判決は，監査委員会報告第66号「繰延税金資産の回収可能性に関する監査上の取扱い」について，「同報告は，財務諸表や計算書類等に対する監査を実施する際の判断指針を示すものにとどまり，監査の対象となる財務諸表等の作成者である金融機関にとっては，直ちに遵守すべき基準となるものではない」として「公正な会計慣行」であったとは認められないと判示した。

　このように，日本公認会計士協会が作成・公表している委員会報告等（実務指針）については，それが「公正な会計慣行」に該当するかについて明確ではないが，弥永教授が指摘するように，会計制度委員会報告については公正な会計慣行への該当性を肯定し，そうではない監査委員会報告等については否定する傾向があるように思われる。

　なお，日本公認会計士協会は，会計制度委員会等の委員会報告書以外にも，

実務指針，通達，研究報告，研究資料等の名称の公表物を作成・公表しているが，これらのうち，委員会報告書，実務指針，通達についてのみ会員が遵守すべき基準等としている（平成26年3月31日日本公認会計士協会「日本公認会計士協会が公表する実務指針等の公表物の体系及び名称について」）。したがって，日本公認会計士協会の公表物のうち研究報告，研究資料については，会員である公認会計士に対する拘束力すらない以上，前記の監査委員会報告等よりもさらに「公正な会計慣行」への該当性が認められる可能性は低いものと考えられる。

③　唯一のものであること

このような「公正な会計慣行」は複数存在することがあり得ると考えられるが，虚偽記載の有無の判断の基準としての「公正な会計慣行」は，それに従わなければ違法になる「公正な会計慣行」である以上，唯一のものでなくてはならないとされている（長銀配当損害賠償事件東京地裁判決（東京地判平17・5・19判時1900号3頁），足利銀行事件宇都宮地裁判決（宇都宮地判平23・12・21判時2140号88頁））。

④　一義的に明確であること

新たな会計基準あるいは会計慣行が指示する会計処理が，従前の慣行を排除して，唯一の公正な会計慣行となるためには，従前の慣行に従った会計処理を明示的に排除することが一義的に明確であること，および，基準の内容が明確であることが必要である。

足利銀行事件宇都宮地裁判決（宇都宮地判平23・12・21判時2140号88頁）も，「従前の慣行と抵触する新たな慣行が成立した場合，新たな慣行が「唯一」のものといえるためには，その抵触する従前の慣行に従った会計処理を確定的に廃止し，例外的な取扱いをしないことが一義的に明確であることが条件の一つとして必要であるというべきであり，そうした一義的明確性に欠けるもの（基準として内容が不明確である場合など）は，唯一の会計慣行には未だなっていないものと解されている」と判示して，新たな会計慣行が唯一の公正な会計慣行となるための要件として，①従前の会計処理を確定的に廃止することが一義的に明確であること，②基準の内容の一義的明確性をあげている。刑事事件判決ではあるが，長銀粉飾決算事件最高裁判決（最判平20・7・18刑集62巻7号2101頁）および日債銀粉飾決算事件最高裁判決（最判平21・12・7刑集63巻11項

2641頁）の２つの最高裁判決も，新たな会計慣行が唯一の公正な会計慣行となるための要件として，①従前の会計処理を確定的に廃止することが一義的に明確であること，②基準の内容の一義的明確性をあげており，足利銀行事件宇都宮地裁判決（宇都宮地判平23・12・21判時2140号88頁）は，この２つの最高裁判決の判旨にも沿ったものということができる。

(3)　決算訂正との関係について

　これまで述べてきたとおり，財務諸表の虚偽記載の有無は，「一般に公正妥当と認められる企業会計の基準」（「公正な会計慣行」）に従い判断される。したがって，仮に企業自らが過去の決算を訂正した場合であったとしても，訂正前の財務諸表が「一般に公正妥当と認められる企業会計の基準」（「公正な会計慣行」）に従って作成されている限り，訂正前の財務諸表に虚偽記載はないと判断されることになる。

　三洋電機事件違法配当代表訴訟大阪地裁判決（大阪地判平24・9・28判時2169号104頁）は，三洋電機株式会社（以下「三洋電機」という）がみずから過去の財務諸表の訂正を行っていたことについて，以下のとおり三洋電機の訂正前の会計処理は会計基準に反するものとはいえないと判示し，訂正前の財務諸表について虚偽記載はないと判断している。

　「本件訂正は，……平成13年３月期から平成17年３月期までの決算が金融商品会計基準等に準拠していなかったことを理由として行われている。しかし，平成13年３月期における関係会社株式減損の判断は，前記イ（ア）のとおり，回復可能性について経営者が合理的な判断をしたかという観点からされるべきであり，この判断基準について金融商品会計基準等に一義的な基準はない。しかも，本件訂正は，外資系株主の影響の下，米国監査法人の監査を受ける必要があったことや，会計監査人自身が会計基準を保守的に適用しなければならない状況下にあったことを背景とし，金融庁やあずさ監査法人及び三洋電機の協議によって定められたルールに従ってなされたものである。そのルールの内容を見ても，一部の会社については事業計画に基づき個別に判断するよりも保守的な結果となっていたから，このルールによらなければ金融商品会計基準等に反するとはいえないものである。また，その余の会社については，事業計画に

よって回復可能性を判断したものの，その事業計画は簡便な方法で策定されたものであって，この事業計画のみが回復可能性の判断において唯一の合理的な方法とはいえないことは既に述べたとおりである。実際，本件訂正の内容は，調査委員会の5年計画に基づいて行われ，一部の会社の回復可能性について事業計画を考慮せずに減損するなど，被告らが合理的に回復可能性ありと判断した関係会社についても全部又は一部減損するという保守的なものであった。

　以上によれば，本件訂正は，三洋電機が金融商品会計基準等を保守的に適用すべきとの周囲の強い圧力を受けていた中で，金融庁との協議の結果，金融商品会計基準等の範囲内で簡便かつ保守的な会計処理方法を選択することになったため，金融商品会計基準等が保守的に適用されたと評価することができる。したがって，三洋電機の会計処理がこれと異なるからといって直ちに金融商品会計基準等に準拠していないとか，公正なる会計慣行に反しているなどということはできないというべきである」（三洋電機事件違法配当代表訴訟大阪地裁判決（大阪地判平24・9・28判時2169号104頁））

(4) 金融庁の処分との関係

　第1章第1節③のとおり，企業が有価証券報告書等の虚偽記載を行った場合，行政処分として課徴金が課されることになる（金商法172条の2～172条の4）。この金融庁の処分が行われた場合，特に当該企業が審判手続において虚偽記載について争わずに認めた場合には，株主等からの損害賠償請求訴訟において，当該企業は有価証券報告書等の虚偽記載について争うことはできないとも思われる。

　しかし，前記(3)のとおり，財務諸表の虚偽記載の有無は，「公正な会計慣行」に従って判断されるものであるから，金融庁の処分が行われたとしても，必ずしも虚偽記載があることが確定しているものとはいえず，虚偽記載について争うことができるという考え方が一般的である。

　実際，三洋電機株式会社や株式会社ビックカメラ（後記**第5章第8節**参照）は，金融庁の審判手続においては虚偽記載の有無について特に争わず，課徴金を納付したが，裁判においては訂正前の会計処理も「公正な会計慣行」に反しているとはいえないとして，違法ではないと判断されている。

第2章 責任論

　この点に関し三洋電機事件違法配当代表訴訟大阪地裁判決（大阪地判平24・9・28判時2169号104頁）は以下のとおり判示している。

　「金融庁の処分は，……本件訂正による純資産額と三洋電機が決算時に行った会計処理に基づく純資産額とが異なることをもって，有価証券報告書に虚偽の表示があったものとしており，本件訂正が金融商品会計基準等に適合する唯一の会計処理であるとの前提に立つものである。しかし三洋電機の関係会社株式減損が公正なる会計慣行に反するとは必ずしもいえないこと，本件訂正が同基準等に適合する唯一の会計処理であるとまではいえないことは既に述べたとおりである。そうすると，金融庁の処分があるからといって，三洋電機の関係会社株式減損が旧商法上違法であるとの決め手にはならないと解するのが相当である。なお，金融庁の処分においては，関係会社損失引当金の計上について，後述のとおり，旧商法上は義務的ではなく，これをしなかったからといって違法の問題は生じないにもかかわらず，過少計上による虚偽記載があったとしている。したがって，金融庁の処分は，旧商法上の会計処理の違法性判断とは異なる判断をしていると評価できるから，三洋電機の会計処理が直ちに旧商法上も違法であるということにはならない。しかも，金融庁がした課徴金納付命令は，三洋電機がたやすく事実を認めたことによって審判期日を開くことなく発出されたものであり（金融商品取引法183条2項），金融庁の審判手続において，内閣総理大臣の指定する職員（同法181条2項）と三洋電機の双方当事者が攻撃防御を尽くして，証券取引等監視委員会の勧告した事実の存否を判断したことによって発出されたものではない。すなわち，金融庁の課徴金納付命令は，三洋電機の自認の産物であって，そのような顛末が，三洋電機の企業規模に比べると830万円という課徴金の額が低いことや，当時の三洋電機の背景事情の影響を受けた可能性を否定できない。そうすると，金融庁が課徴金納付命令を発出したからといって，三洋電機の会計処理が直ちに旧商法に違反するということにはならない。

　したがって，金融庁の上記の処分があったからといって，直ちに三洋電機の会計処理が違法ということはできない」

3　「重要性」の判断

(1)　判断の指針

　「重要な事項」の虚偽記載に該当するか否か，即ち，虚偽記載の「重要性」の判断は，個々の事案ごとに判断するしかない。すなわち，重要か否かは評価的な要件であり，その基礎となる具体的な事実が要件事実である。そして，具体的に「重要」か否かを判断するにあたっては[7]，金商法における企業内容開示制度が，有価証券の発行および流通市場において，一般投資家が十分に投資判断をできる資料を提供し，それによって投資家を保護しようとする制度であるという制度趣旨に照らし，一般的には，投資家の投資判断に影響を与えるような基本的事項，即ちその事項について真実の記載がなされれば投資家の投資判断が変わるような事項をもって「重要な事項」と考えられている[8]。

　裁判例も，投資家の投資判断に影響を与えたか否かによって判断を行っている（西武鉄道事件機関投資家訴訟東京地裁判決（東京地判平20・4・24判時2003号147頁）等）。

　また，証券取引は原則として市場で取引されることから，当該虚偽記載が当該有価証券の市場価格に影響を与えるか否かという観点も重要であるとされている[9]。

　さらに，前記のとおり，投資家の投資判断に影響を与えるか否かという判断指針は，金商法における企業内容開示制度の趣旨から導かれており，金商法と他の法令ではそれぞれ制度趣旨が異なる以上，金商法と他の法令等で「重要性」の判断も異なり得る。もっとも，他の制度の制度趣旨が金商法の開示制度の制度趣旨と重なる部分も多く，また，「重要な事項」の判断基準が明確でない以上，金商法における「重要性」の判断においても，他の制度における重要

---

[7]　難波孝一「規範的要件・評価的要件」伊藤滋夫総括編集『民事要件事実講座　第1巻（初版）総論1　要件事実の基礎理論』（青林書院，2005年）197頁。

[8]　土持敏裕＝榊原一夫「Ⅱ証券取引法」平野龍一ほか『注解特別刑法　補巻(2)』（青林書院，1996年）64頁～67頁。

[9]　岸田雅雄『新法学ライブラリー37　証券取引法（第2版）』（新世社，2004年）235頁。

性の判断基準が参考になるものと考えられる。

　実務的には,「重要性」の判断は,金額的重要性,質的重要性等を考慮して判断される。企業会計基準24号「会計上の変更及び誤謬の訂正に関する会計基準」(平成21年12月4日企業会計基準委員会。以下「過年度遡及会計基準」という)も,同会計基準の適用にあたり,財務諸表利用者の意思決定への影響に照らした重要性が考慮されるとし,重要性の判断は,財務諸表に及ぼす金額的な面と質的な面の双方を考慮する必要があるとしている(過年度遡及会計基準35項)。そこで,以下「金額的重要性」と「質的重要性」について検討することにする。

(2)　**金額的重要性**

　金商法には,「重要な虚偽記載」の金額的重要性に関する明確な基準を定める規定は存在しないが,前記のとおり,他の制度における重要性の判断基準が参考になる。会計上の基準や,金商法の他の規制に関する基準,取引所の適時開示における開示基準等が,重要性に関し一定の数値的な基準を定めており,これらの基準も財務数値が投資家の投資判断に影響を及ぼすか否かという観点から基準を設定しているものと考えられ,「重要な虚偽記載」の判断における参考となる。

　なお,これらの基準は,金商法の企業内容開示制度とその趣旨が重なってはいるものの,あくまでも異なる目的のために設定された基準であり,「重要な虚偽記載」の判断の参考にはなるものの,下記①〜⑤のいずれかに当てはまるからといって,それがただちに「重要な虚偽記載」に該当するものではないことに留意する必要がある。繰り返しになるが,虚偽記載の「重要性」の判断は,評価的要件であることから,個々の事案ごとに個別具体的に判断するしかなく,下記の基準もあくまでもその判断における参考となるにすぎない。

　①　会計上の基準

　前記のとおり,過年度遡及会計基準は,「重要性」について財務諸表利用者の意思決定への影響に照らした重要性としており,一般投資家も財務諸表利用者であるから,金商法の企業内容開示制度とその趣旨が重なっており,「重要な事項」の判断基準として参考となる。

過年度遡及会計基準は，金額的重要性について，「損益への影響額又は累積的影響額が重要であるかどうかにより判断する考え方や，損益の趨勢に重要な影響を与えているかどうかにより判断する考え方のほか，財務諸表項目への影響が重要であるかどうかにより判断する考え方などがある。ただし，具体的な判断基準は，企業の個々の状況によって異なり得ると考えられる」と規定している（過年度遡及会計基準35項）。

② 金商法の内部者取引規制の売上高等に係る基準

金商法の内部者取引規制は，売上高，経常利益，純利益等について，投資者の投資判断に及ぼす影響が重要なものとして内閣府令で定める基準に該当する変動が生じた場合を内部者取引規制の基準として規定している（金商法166条2項3号）。これも，投資者の投資判断に重要な影響を及ぼすものとして基準が定められているから，企業内容開示制度とその趣旨が重なっており，「重要な事項」の判断基準として参考となる。

当該基準として，内閣府令は，①売上高が10％以上変動するか，②経常利益が30％以上変動しかつ変動額が前事業年度の末日の純資産と資本金の額のいずれか少なくない額の5％以上であるか，③当期利益が30％以上変動しかつ変動額が前事業年度の末日の純資産と資本金の額のいずれか少なくない金額の2.5％以上であるか，④剰余金の配当が20％以上変動した場合，を定めている（有価証券の取引等の規制に関する内閣府令51条）。

③ 東京証券取引所の適時開示における開示基準

東京証券取引所の適時開示基準も，金商法の内部者取引規制とほぼ同じ内容の業績予想の修正について，適時開示を義務付けているので，これも「重要な事項」の判断基準として参考となる（有価証券上場規程405条1項・3項，有価証券上場規程施行規則407条）。

④ 金商法の臨時報告書提出事由

金商法は，臨時報告書の提出事由のうち，財政状態，経営成績およびキャッシュ・フローの状況に著しい影響を与える事象を対象とする類型として，連結損益に与える影響額が，①最近事業年度の末日における純資産額の3％以上か，②最近5事業年度における当期純利益の平均額の20％以上に相当する額となる場合を定めているので，これも「重要な事項」の判断基準として参考となる

第2章　責任論

（金商法24条の5第4項，企業内容等の開示に関する内閣府令19条2項19号）。

　⑤　内部統制実施基準

　企業会計審議会「財務報告に係る内部統制の評価及び監査に関する実施基準」（以下「内部統制実施基準」という）は，内部統制の不備のうち，一定の金額を上回る虚偽記載，または質的に重要な虚偽記載をもたらす可能性が高いものを，内部統制の開示すべき重要な不備と規定している（内部統制実施基準Ⅱ1②ロ）。

　同基準は，金額的重要性について，連結純資産，連結売上高，連結税引前利益などに対する比率で判断するがこれらの比率は画一的に適用するのではなく，会社の業種，規模，特性など，会社の状況に応じて適切に用いる必要があるとしている（内部統制実施基準Ⅱ1②ロa）。そのうえで，たとえば，連結税引前利益については，おおむねその5％程度とすることが考えられるが，最終的には財務諸表監査における金額的重要性との関連に留意する必要があるとし，また，例年と比較して連結税引前利益の金額が著しく小さくなった場合や負になった場合には，必要に応じて監査人との協議のうえ，（連結税引前純利益の）たとえば5％ではなく，必要に応じて比率の修正や指標の変更を行うことや連結税引前利益において，特殊要因等を除外することがありうることに留意するとしている（内部統制実施基準Ⅱ1②ロa（注2））。

(3)　質的重要性

　金商法には，「重要な虚偽記載」の質的重要性に関する明確な基準を定める規定も存在していない。

　西武鉄道事件機関投資家訴訟東京地裁判決（東京地判平20・4・24判時2003号147頁）では，「被告西武鉄道の有価証券報告書等の虚偽記載は，被告西武鉄道の被支配状況や西武鉄道株式の流動性について投資家に重大な誤解を生じさせるおそれがあるといわねばならない。とりわけ，被告西武鉄道が，少数特定者持株数基準の施行後に，コクドが所有する西武鉄道株式の数について有価証券報告書等に真実を記載していれば，同基準所定の猶予期間[10]（経過措置により

---

[10]　昭和58年3月末に少数特定者株主数が上場株式数の80％を超えていた上場株式は，

同基準が設けられた後の決算期である昭和58年3月期から3年以内）も昭和61年3月末には経過して、そのような事項についての虚偽記載が、投資家の投資判断に重大な影響を与える重大な事項であることは明らかというべきである。そうすると、少なくとも、株券上場廃止基準としての少数特定者持株数基準が設けられた昭和57年10月1日以降に被告西武鉄道が提出した有価証券報告書等についてされた、コクドが所有する西武鉄道株式の数の過小な記載は、重大な事項に虚偽記載をしたものというべき」と判示し、上場廃止基準として少数特定者持株数基準が導入されて以降、有価証券報告書等に上場廃止基準への抵触がまったく開示されていなかったことから、当該虚偽記載が上場廃止の原因となるべき事実に該当するものであり、真実が正しく開示されていれば株券が上場廃止とされる可能性が高かったという事情の下で、虚偽記載の重要性を肯定しており、少なくとも上場廃止基準に該当するような事実に関しては、質的重要性が認められるものと考えられている。

その他、金額的重要性と同様に、下記の基準も「重要な虚偽記載」の判断における参考となるもの考えられる。

① 会計上の基準

過年度遡及会計基準は、質的重要性について、「企業の経営環境、財務諸表項目の性質、または誤謬が生じた原因などにより判断することが考えらえる」と規定している（過年度遡及会計基準35項）。

② 企業会計審議会の内部統制実施基準

内部統制実施基準は、質的な重要性について、たとえば、上場廃止基準や財務制限条項に係わる記載事項などが投資判断に与える影響の程度や、関連当事者との取引や大株主の状況に関する記載事項などが財務報告の信頼性に与える影響の程度で判断すると規定している（内部統制実施基準Ⅱ1②ロb）。

(4) 裁判例

「重要な虚偽記載」について判断をした裁判例としては、前記の西武鉄道事

昭和61年3月期末までに80％以下にならないときは、上場廃止事由としての少数特定者持株数基準に該当することになり、上場廃止とされる可能性が高かった。

件機関投資家訴訟東京地裁判決（東京地判平20・4・24判時2003号147頁）の他，ライブドア事件個人投資家訴訟東京地裁判決（東京地判平21・5・21判時2047号36頁）および東京高裁判決（東京高判平23・11・30金判1389号36頁），アーバンコーポレイション事件役員責任追及訴訟東京地裁判決（東京地判平24・6・22金法1968号87頁），オリンパス事件大阪地裁判決（大阪地判平27・7・21金判1476号76頁），IHI事件東京地裁判決（東京地判平26・11・27証券取引被害判例セレクト49巻1頁），ニイウスコー事件個人投資家訴訟東京地裁判決（東京地判平26・12・25）等がある。これら裁判例も重要な虚偽記載にあたるか否かの判断にあたっては，虚偽記載の質的重要性と金額的重要性の両面から検討を行っている。

① ライブドア事件個人投資家訴訟東京地裁判決（東京地判平21・5・21判時2047号36頁），ライブドア事件個人投資家訴訟東京高裁判決（東京高判平23・11・30金判1389号36頁）

ライブドア事件個人投資家訴訟東京地裁判決（東京地判平21・5・21判タ1306号124頁）は，「有価証券報告書に掲載された連結損益計算書中の連結経常損益が，当該有価証券報告書を提出する企業の企業価値に対する判断，すなわち，投資家の投資判断に影響を与える事項であることは明らかである。そして，本件有価証券報告書に掲載された連結損益計算書には，平成16年9月期に経常損失が3億1278万4000円（1000円未満切捨て）発生していたにもかかわらず，売上計上が認められないライブドア株式売却益37億6699万6545円ならびにキューズおよびロイヤルに対する架空売上げ15億8000万円をそれぞれ連結売上高に含めることを前提に，連結経常利益50億3421万1000円（1000円未満切捨て）が計上されており，本件有価証券報告書には，「重要な事項」（旧証券取引法21条の2第1項・24条の4）につき虚偽の記載があるというべきである。」と判示している。この判決は，連結経常損益が投資家の投資判断に影響を与える事項であるとしている。

もっとも，連結経常損益は財務数値であるから，金額的重要性も考慮されることは当然である。すなわち，ライブドア事件では，経常損失が3億1278万4000円発生していたところ，経常利益50億3421万1000円を計上していたという事情を勘案し重要な虚偽記載にあたるとの判断がされている。

なお，この判決に対しては，株式の時価総額は，理論的にはその企業の将来

キャッシュ・フローの割引現在価値と負債の市場価値との差額として把握することができるから、投資家が将来キャッシュ・フローについて誤った予想を形成するような記載こそが財務諸表の利用者の経済的意思決定に重要な影響を与えるものと考えることができるところ、本件では、ライブドアの会計処理により、投資家は現在および将来のキャッシュ・フローの予想について誤導されたとはいえないのではないかとの指摘がある[11]。

② アーバンコーポレイション事件役員責任追及訴訟東京地裁判決（東京地判平24・6・22金法1968号87頁，控訴審において和解成立，詳細は第5章参照）

アーバンコーポレイション事件役員責任追及訴訟では、株式会社アーバンコーポレイションが、新株予約権付社債の発行による資金使途として、臨時報告書に、「財務基盤の安定性確保に向けた短期借入金をはじめとする債務の返済に使用する予定」とのみ、有価証券報告書には「債務の返済」とのみ記載し、2008年6月26日および同年7月8日にBNPパリバとの間で締結した2つのスワップ契約の存在および内容を記載しなかったことが重要な虚偽記載にあたるかが争点となった。

アーバンコーポレイション事件役員責任追及訴訟東京地裁判決（東京地判平24・6・22金法1968号87頁）は、新株予約権付社債および2つのスワップ契約の内容について、「アーバン社は、本件取引において、①本件新株予約権付社債の発行によってBNPパリバから取得する300億円の資金を、そのまま短期借入金の支払に充てるのではなく、その全額を、BNPパリバに対する本件スワップ契約に基づく支払いに充てることとし、②本件スワップ契約に基づいてBNPパリバから日々受領する分割金をその短期借入金債務等の返済に充てることを当初から予定していたことに加え、③アーバン社が、本件スワップ契約に基づいてBNPパリバから日々受領する金銭の額は、本件株式の株価、出来高及びBNPパリバが一定の範囲内で任意に決定するヘッジ比率によって日々変動する上に、④本件株式の株価が一定額を下回る場合には、当該分割金を全

11　弥永真生「『重要な事項』についての虚偽記載（1）―ライブドア事件を例にとって」Business Law Journal 2008年8月号70頁～71頁。

く受領することができないこととされていたのであるから，本件取引は，アーバン社がいつ，いくらの資金を取得することができるのかが確定しない取引であり，かつ，その手取金の総額が300億円に満たず，大きな損失を被る可能性のある取引であったと認められる」と認定したうえで，「新株予約権付社債の発行によって300億円の資金を調達することと，本件スワップ契約に基づいて受領する分割金によって日々資金を調達することの間には，短期借入金等の支払に充てるために必要な額の資金を現実に調達することができる蓋然性と，その調達可能時期について明確に差異があるから，本件スワップ契約の存在及び内容は，アーバン社の利害関係人が投融資又は権利行使等に関する合理的な判断を行うに当たって影響を与える重要な情報であったということができる。そうするとアーバン社は，本件臨時報告書等に，①本件新株予約権付社債の発行による調達資金の全額を本件スワップ契約に基づく支払いに充てること，②本件スワップ契約に基づいて受領する分割金を同社の債務の返済に使用する予定であるが，いつ，いくらを使用することができるかは不確定であることを，投資家等の利害関係人が理解した上で投資判断をすることが可能な程度にまで，具体的に記載すべきであったといえ，このような重要な事実の記載を欠いた本件臨時報告書等の記載は，『記載すべき重要な事項若しくは誤解を生じさせないために必要な重要な事実の記載が欠けている』ものというべきである」と判示した。

このように，アーバンコーポレイション事件役員責任追及訴訟東京地裁判決（東京地判平24・6・22金法1968号87頁）では，新株予約権付社債と2つのスワップ契約に関する記載について，その金額が300億円であり，大きな損失を被る可能性があるうえ，短期借入金等の支払に充てるために必要な資金を調達できない可能性があり，会社の継続可能性にも影響がありうるという，金額的重要性および質的重要性の双方を勘案して，重要な虚偽記載に該当するとの判断がされている。

③　オリンパス事件大阪地裁判決（大阪地判平27・7・21金判1476号16頁）

オリンパス事件大阪地裁判決（大阪地判平27・7・21金判1476号16頁）も，「被告は，連結純資産額という投資判断に当たって重要な事項について，平成13年

3月期～平成24年3月期第1四半期という長期にわたり，最大1200億円あまりも過大に記載するという本件虚偽記載をしたのであり，過大記載額が虚偽の連結純資産額に占める割合も最大約40％にも及んでいる。したがって，被告は，本件有価証券報告書等の中の投資判断に当たり有用な事項について重大な虚偽記載をしたものと評価できる」と判示した。連結純資産額に占める割合が最大約40％にも及んでいるという金額的な大きさと，連結純資産額が投資判断に当たって重要な事項であるという点を重視しており，金額的重要性と質的重要性の双方を勘案して，重要な虚偽記載に該当するとの判断がされている。

④　IHI事件東京地裁判決（東京地判平26・11・27証券取引被害判例セレクト49巻1頁，2016年10月末現在東京高裁係属中）

IHI事件東京地裁判決（東京地判平26・11・27証券取引被害判例セレクト49巻1頁）は，「本件半期報告書においては，連結営業利益につき98億2300万円の過大計上，連結当期純利益につき，72億7800万円の過大計上，本件有価証券報告書においては，連結営業利益につき，302億4300万円の過大計上，連結当期純利益につき204億1800万円の過大計上というものであって，<u>連結損益計算書の連結営業利益や連結当期純利益という投資家の投資判断に与える影響として極めて重要な分野に属するものというべきであり，しかも，その金額も上記のとおり多額に及ぶものであるから，『重要な事項』について虚偽の記載があることが明らかである。</u>」と判示した。訂正前の本件半期報告書における連結中間純損益は28億1700万円，本件有価証券報告書における連結当期純損益は158億2500万円であるから，本件半期報告書における連結当期純損益の虚偽記載は訂正前の258％，本件有価証券報告書における連結当期純損益の虚偽記載は訂正前の129％にあたるうえ，本件有価証券報告書の虚偽記載は連結当期純損益がマイナスであるものをプラスに計上するものであった。本判決においても，連結営業利益や連結当期純損益の質的重要性と，その金額的重要性の双方を勘案して，重要な虚偽記載に該当するとの判断がされている。

⑤　ニイウスコー事件個人投資家訴訟東京地裁判決（東京地判平26・12・25，2016年8月末現在上告審係属中）

ニイウスコー事件個人投資家訴訟東京地裁判決（東京地判平26・12・25）は，ニイウスコーが，①実体のないとみられるスルー取引，②粗利益5％以上を計

上したセール・アンド・リースバック取引，③リース契約を利用した不適切な循環取引，④売上の先行計上とその後の失注処理，買戻しによる循環取引，⑤不適切なバーター取引による売上計上，という不適切な取引により，ニイウスコーの各事業年度の連結純資産額（株主資本）は，平成15年6月期は，訂正前が約71億2000万円であるのに対し，訂正後が約46億4100万円，平成16年6月期は，訂正前が約89億6700万円であるのに対し，訂正後が約24億9100万円，平成17年6月期は，訂正前が約192億6700万円であるのに対し，訂正後が約54億1000万円のマイナス，平成18年6月期は，訂正前が約273億6400万円であるのに対し，訂正後が約65億4500万円のマイナス，平成19年6月期は，訂正前が約40億6800万円のマイナスであるのに対し，訂正後が約324億8900万円のマイナスであり，平成17年6月期以降は，真実は債務超過に陥っていたと認定した。そのうえで，有価証券報告書等に粉飾決算がされており，「その額が巨額であることからすれば，投資家の投資判断に影響を与える事項についての虚偽の記載が行われたということができるから「重要な事項についての虚偽の記載」（金融商品取引法24条の4）があったと認められる」と判示した。

　このように，ニイウスコー事件個人投資家訴訟東京地裁判決（東京地判平26・12・25）では，真実は3年前から債務超過に陥っていたことが隠ぺいされていたという質的重要性と，その額が巨額であるという金額的重要性の双方を勘案し，重要な虚偽記載に該当するとの判断がされている。

第3節

発行会社の責任

　発行会社の責任については，他の債権者とのバランスからも払い込んだ資金を原状に回復するにとどめるべきであるとの考え方がある。このような考え方から，平成16年改正前の旧証券取引法においては，会社と投資家との間では何らの取引も行われない流通市場の取引に関しては，発行会社の損害賠償責任の規定は置かれていなかった。このような経緯から，発行会社の責任については，発行市場と流通市場で責任規定がかなり異なっている。そのため，発行会社の責任については，発行市場と流通市場に分けて説明を行う。

1　発行市場における責任

(1)　責任の性質

　発行市場における発行会社の責任は無過失責任である（金商法18条）。発行会社の責任を無過失責任とする理由については，企業開示書類に不実記載がある場合，発行会社という企業体自体に故意・過失がないということは考えられず，無過失による免責を認めるべきではないからであると説明されてきた[12]。しかし，平成26年の金商法改正において，流通市場における発行会社の責任は過失責任化されており，発行会社という企業体自体に故意・過失がないということは考えられないとの理由は妥当しないものと思われる。無過失による免責を認めるべきではないという政策的な理由が大きいものと考えられる。

12　三井秀範『課徴金制度と民事賠償責任　条解証券取引法』（金融財政事情研究会，2005年）33頁。

(2) 賠償責任額

　金商法は，投資家側の立証負担を緩和するため，発行市場における発行会社の損害賠償額を法定する規定を設けている（金商法19条1項・23条の12第5項）。この規定により，発行会社は相当因果関係が存在しないことを立証しない限り，法定額の損害を賠償しなければならない[13]。

　損害賠償額は，請求権者が有価証券の取得について支払った額から，①請求時に有価証券を保有している場合には，請求時における市場価額（市場価額がない時には，その時における処分推定価額）を控除した額，②請求時前に有価証券を処分した場合には，当該処分価額を控除した額とされている（金商法19条1項）。

　取得価額から，請求時における市場価額または処分価額を控除していることから，金商法19条は，18条の損害賠償責任に原状回復的な機能を付与しているとされている[14]。

(3) 時　効　等

　発行会社の発行市場における責任は，請求権者が虚偽記載を知った時，または，相当な注意をもって知ることができるときから3年間で，また，有価証券の募集・売出しに係る届出の効力発生時または目論見書交付時から7年間で，それぞれ時効によって消滅する（金商法20条）。

2　流通市場における責任

(1) 責任の性質

① 流通市場における提出会社の損害賠償責任規定改正の経緯と過失責任化

(a) 平成16年改正における損害賠償責任規定の新設

　平成16年改正前の旧証券取引法には，流通市場における提出会社の損害賠償

---

[13] 田中誠二＝堀口亘『再全訂コンメンタール証券取引法』（勁草書房，1996年）161頁。
[14] 加藤貴仁「第19条」岸田雅雄『注釈金融商品取引法　第1巻　定義・情報開示』（金融財政事情研究会，2011年）255頁。

責任に関する特則は規定されていなかった。平成16年改正前の旧証券取引法が，流通市場における提出会社の損害賠償責任を規定していなかったのは，「募集・売出しの場合と同様に会社にも責任を負わせ，かつ，賠償額も法定すべきであるとの見方もあるが，会社の責任は，他の債権者とのバランスからも払い込んだ資金を原状に回復するにとどめるべきであるとの考え方に基づき，会社と投資者との間では何らの取引も行われない流通市場の取引に関して，責任を負わせるのは適当ではないということで除かれている」[15]と説明されていた。

旧証券取引法の平成16年改正において，流通市場における提出会社の損害賠償責任に関する規定が設けられ，発行会社の責任は無過失責任とされた（平成26年改正前金商法21条の2第1項）。

流通市場における発行会社の責任が無過失責任とされたのは，以下の理由によるものとされている[16]。

(i) **違法行為の重大性**（故意・重過失が推認されること）

開示書類は，投資家の投資判断の基礎資料となり，刑罰により真実性を強制されている重要な書類であり，特に計算書類部分は監査法人の審査・株主総会・取締役会の承認を経ることなど厳密な手続によって作成されるものであるから，重要な虚偽記載がある場合は故意または重過失があると考えるべきである。

(ii) **投資家による立証の困難性**

開示書類に虚偽記載をするという違反行為は，発行者内部で行われるものであるから，その主観的要素を，外部者である投資家が立証することは著しく困難であり，その証明を要求するならば一般投資家による損害賠償請求は事実上不可能となる。

(iii) **発行市場との平仄**

発行市場における発行会社の責任も無過失責任である。

---

15 大蔵省証券局企業財務第二課『改正証券取引法解説』（税務研究会出版局，1971年）133頁。
16 三井秀範『課徴金制度と民事賠償責任 条解証券取引法』（金融財政事情研究会，2005年）154頁〜155頁。

(b) 平成26年改正における過失責任化と立証責任の転換

しかし，a) 平成17年改正における課徴金制度の導入と，平成20年改正における課徴金額の引上げにより違法行為に対する抑止力が期待できること，b) 平成20年に導入された内部統制報告書制度にも違法行為に対する抑止力が期待できること，c) 発行市場においては，投資者から提出会社への払込みが行われるため，提出会社に過失がなかったとしても，虚偽記載によって過大に払い込まれた利得部分を損害賠償という形で投資者に返還させ実質的な原状回復を図るのが公平であるが，流通市場においては提出会社自身に利得が発生していないこと等の理由から，無過失責任の見直しに関する議論が金融審議会において行われた[17]。

その結果，平成26年改正において，金商法21条の2第2項に「前項において，賠償の責めに任ずべき者は，当該書類の虚偽記載等について故意又は過失がなかったことを証明したときは，同項に規定する賠償の責めに任じない」と規定された。これにより，流通市場における提出会社の損害賠償責任は無過失責任から過失責任に変更されるとともに，投資家の立証の負担が過大にならないよう，提出会社に無過失の立証責任を課し，立証責任が転換された。

② 提出会社の過失の意味

①で説明したとおり，提出会社の責任は平成26年改正（平成27年5月29日施行[18]）により過失責任化されたばかりであり，金商法上の提出会社の過失の意味については解釈が定まっていない。

金商法改正時の議論でも，「提出会社の無過失について，当該提出会社の役員等に過失がない場合とすべきか，従業員を含めた提出会社の構成員全体に過失がない場合とすべきかについても議論が行われたものの，この点については，過失の前提となる注意義務を負うべき者は，個々の事案ごとに相当程度異なり得ることや，他の法令においても，法人自身の不法行為責任における故意・過失の判断対象となるべき者を具体的に例示している規定は見当たらないことに鑑みると，現時点においては，立法政策上，法令において特段の明記は行わず，

---

17 金融庁金融審議会　新規・成長企業へのリスクマネーの供給のあり方に関するワーキング・グループ第8回議事次第資料2・7頁。
18 施行前の行為は，従前どおり無過失責任であり，施行後の行為が過失責任となる。

個別の事情に応じた妥当な解釈に委ねることとしておくことが適当であると考えられる」とされており[19]，提出会社の故意・過失の意味について問題意識が示されている。

なお，立法担当者は，①提出者の代表者である役員に虚偽開示書類の提出という結果を回避する義務に違反したと認められる事情がある場合には提出者の過失が認められやすい，②営業担当の従業員が，みずからの勤務成績をよく見せかけるため，社内の内部統制システムを潜脱して架空売上を計上した場合などには，民法715条の使用者責任との均衡から損害賠償責任を負わせないとすることには疑問が残る，③虚偽記載が長年にわたって組織的に行われてきたような場合には，法人である提出者をいわば擬人化し，提出者自身の故意・過失の問題として考察したほうが適切な場合もあると述べている[20]。

これに対し，提出会社の従業員全員に過失がないことの立証を求めると提出会社の無過失責任を維持していることと実質的に変わらなくなってしまうこと，連結子会社の役員の故意・過失によって虚偽記載が生じたとしても，それらの者の不法行為について提出会社に民法上の使用者責任は発生しないこと，および，提出会社の役員が虚偽記載を防止するためのリスク管理体制の構築・運用義務を果たしているのであれば，それを超えた義務を負わせるのはやりすぎであること等から，仮に提出会社の従業員に故意があったり，連結子会社の役員・従業員に故意・過失があったとしても，①提出会社の役員に故意がなく，②提出会社の役員には虚偽記載の発生を予見すべきであったという特別な事情が存せず，かつ，③虚偽記載を防止するためのリスク管理体制の構築・運用義務違反もないという状況であれば，たとえ従業員や連結子会社の役員・従業員に故意・過失があっても，無過失の立証責任は果たされたと解してよいとする見解もある[21]。

---

19 平成25年12月25日付金融庁金融審議会　新規・成長企業へのリスクマネーの供給のあり方に関するワーキング・グループ「新規・成長企業へのリスクマネーの供給のあり方等に関するワーキング・グループ報告」21頁。

20 大谷潤＝笠原基和＝西澤恵理＝佐藤光伸＝谷口達哉「平成二六年改正金商法等の解説（3）新規上場企業の負担軽減および上場企業の資金調達の円滑化に向けた施策」商事法務2040号73頁〜74頁。

21 公益財団法人日本証券経済研究所　金融商品取引法研究会「証券訴訟を巡る近時の諸

なお，日本システム技研事件最高裁判決（最判平21・7・9民集231巻241頁）は，従業員が営業成績を上げる目的で架空売上を計上したために有価証券報告書に不実の記載がされたことにつき，通常想定される架空売上の計上等の不正行為を防止し得る程度の管理体制は整えており，本件不正行為の発生を予見すべきであったという特別な事情も見当たらない等の状況において，会社の代表者に従業員らによる架空売上の計上を防止するためのリスク管理体制構築義務違反の過失がないとして，会社法350条に基づく提出会社の損害賠償責任を否定した。この判例のポイントが，会社役員に財務報告に係る内部統制の整備運用に過失がなかった以上，提出会社としても過失がなかったという点にあるとして，金商法上の提出会社の故意・過失の判断の参考になるとする見解もある[22]。過失は，規範的要件であり，これを基礎付ける事実が主張立証の対象となるところ，提出会社において，不正行為を防止するために，具体的にどのような体制をとり，どのようなことを行っていたかが過失の有無を決めるポイントとなると考えられる。

(2) 賠償責任額

流通市場における発行会社の賠償責任額については，損害額の推定規定が設けられている（金商法21条の2第3項）。

この規定も，投資家が金商法21条の2第1項に基づき損害賠償請求を行う場合に，虚偽記載と因果関係のある損害の額について，投資家の立証責任の負担を緩和する規定である[23]。もっとも，推定規定である以上，被告側は反証することができる。

開示書類に虚偽記載があることが公表された日を基準として，公表日より前1年以内に当該有価証券を取得し，公表日まで継続して保有していた投資家は，

　　　問題─流通市場において不実開示を行った提出会社の責任を中心に─」金融商品取引法研究会研究記録53号10頁～11頁。
[22]　武井一浩「金商法上の流通市場不実開示責任における会社の「過失」の解釈─「法と経済学」の観点を踏まえて─」商事法務2045号40頁。
[23]　加藤貴仁「第21条の2」岸田雅雄『注釈金融商品取引法　第1巻　定義・情報開示』（金融財政事情研究会，2011年）293頁。

公表日前1カ月間の市場価格の平均額から公表日後1カ月間の市場価格を控除した額を，虚偽記載により被った損害額とすることができる（金商法21条の2第3項）(**第3章第2節**参照）。

(3) 時 効 等

発行会社の流通市場における責任は，請求権者が虚偽記載を知った時，または，相当な注意をもって知ることができるときから2年間で，また，有価証券報告書等が提出された時から5年間でそれぞれ時効によって消滅する（金商法21条の3）。

第4節

役員等の責任

　金商法は，21条，22条，24条の4，その他の条文で提出会社の役員等の損害賠償責任を定めている。

　このうち，21条（有価証券届出書の虚偽記載）は発行市場における責任，22条（有価証券届出書の虚偽記載）および24条の4（有価証券報告書の虚偽記載）は流通市場における責任である（このほかに，四半期報告書その他の開示書類に関する規定もある）。

　これらの規定は，一般不法行為規定（民法709条）の特則として，故意・過失の立証責任を転換することにより，請求権者の立証責任の負担を軽減した規定であるとされている。

1　責任を負う役員等の範囲

　流通市場における責任規定（金商法22条・24条の4）における責任を負う会社関係者の範囲は，①役員等（金商法22条1項・21条1項1号）および②公認会計士または監査法人（金商法22条1項・21条1項3号）である。発行市場における責任規定（金商法21条）では，上記①，②の他，③売出人（金商法21条1項2号），④元引受金融機関（金商法21条1項4号）も加えられている。

　役員等には，取締役，会計参与，監査役もしくは執行役またはこれらに準ずるものが含まれる（金商法21条1項1号）。

　この役員に準ずる者には，相談役[24]や，任期を終えた取締役など，虚偽記載

24　財団法人日本証券経済研究所 証券取引法研究会『アメリカと日本の証券取引法〈下

がなされた有価証券報告書等が提出される直前まで取締役であった者も含まれるとされている[25]。

また，取締役としての監督権限はなくても虚偽記載を実質的に指示・実行していた者は準ずる者にあたるといってよいとする見解がある[26]。しかし，役員に準ずる者と認められるためには，役員とほぼ同等の地位や権限が与えられており，役員ではないが役員と同等の重い責任を負うべき立場にある者に限定されるべきであると解すべきであり，判例も役員に準ずる者の範囲は限定する傾向にある。

ライブドア事件個人投資家訴訟東京地裁判決（東京地判平21・5・21判時2047号36頁）は，取締役は，有価証券報告書の重要な事項について虚偽記載があるときは，当該記載が虚偽であることを知らず，かつ相当な注意を用いたにもかかわらず知ることができなかったことを証明できなければ，当該会社が発行する株式を募集または売出しによらないで取得した者に対し，虚偽記載により生じた損害を賠償するという重い責任を負うこと，そして，有価証券報告書の記載事項は，企業の概況，事業の状況，設備の状況，提出会社の状況，経理の状況等，当該企業の全般にわたる極めて広範なものであることから，取締役に準ずる者として認められるためには，「その者に，会社の全般についての業務執行決定及び業務執行の監督を行う取締役会の一員である取締役とほぼ同等の地位や権限が与えられていることを要する」と判示し，関連会社の役員でありグループ全体のファイナンスに関与していた者や，提出会社の執行役員と関連会社の代表取締役を兼務していた者については「役員に準ずる者」に該当しないものと判示している。

また，インネクスト事件東京地裁判決（東京地判平27・8・28判例集未登載）も，「法が虚偽記載のある有価証券報告書の提出会社の役員が，虚偽記載により生じた損害を賠償する責任を負わせたのは，提出会社の役員は，虚偽記載の

　巻）』（商事法務研究会，1975年）602頁〜603頁。
25　黒沼悦郎「ライブドア株主損害賠償請求訴訟東京地裁判決の検討（下）―東京地判平成二一年五月二一日―」商事法務1872号18頁。
26　黒沼悦郎「ディスクロージャー違反に対する救済　民事責任と課徴金」新世代法政策学研究9巻283頁。

ない有価証券報告書を作成する義務を負うとともに，万が一提出会社内でそれが行われようとしている場合には，相当な注意を用いてそれを防止する義務を負っているからであると考えられるから，役員に準ずる者についても，役員ではないがそのような義務を負う立場にある者をいうと解するべきであり，単に，提出会社の大株主であるとか，大株主のオーナーまたは代表者であるというだけでは役員に準ずる者にあたるとはいえない[27]」と判示している。

もっとも，役員に準ずる者に該当しない場合には，金商法21条1項，22条，24条の4に基づく責任は負わないものの，民法の不法行為責任は負う可能性があるので留意が必要である（この場合は，故意・過失の立証責任は請求者側が負担することになる）。前記2つの裁判例も，金商法の責任規定における役員に準ずる者への該当性は否定したものの，結論として民法の不法行為に基づく損害賠償責任は肯定している。

2 故意・過失の立証責任の転換

役員等の責任は，立証責任が転換された過失責任である。発行会社の役員の責任が無過失責任ではなく過失責任とされている理由は，虚偽記載があった場合に発行会社だけに責任を負わせるのでは民事責任の抑止機能を十分に期待できないが，だからといって無過失責任を課すのは厳しすぎるからであるとされている[28]。そのうえで，投資家の立証の負担に配慮し，役員等に無過失の立証責任を課し，立証責任を転換している。役員等は虚偽記載を知らずかつ相当の注意を用いたにもかかわらず知ることができなかったことを立証すれば，責任を免れることができる（金商法21条2項1号）。

---

27 当該被告は，提出会社の4.4％の株式を保有しているとともに，提出会社の24％の株式を保有する株式会社（大株主）の筆頭株主であり，大株主である株式会社の代表者でもあった。

28 近藤光男＝吉原和志＝黒沼悦郎『金融商品取引法入門（第4版）』（商事法務，2015年）199頁。

③ 相当の注意の判断

(1) 役員等
① 取締役

　役員等がどの程度の注意を用いれば免責されるかという,「相当の注意」の具体的な内容は, 各役員の職務内容および地位によって異なる[29]。昭和46年の旧証券取引法改正時の改正担当官は,「例えば, 粉飾決算の場合でみると, 会社の経理, 決算確定の機構に直結した地位にいる社長, 専務, 経理担当役員と, そのような立場になく, または決算処理に参画しない役員とは, おのずから相当注意義務の内容・範囲が異なる」と説明している[30]。実際の裁判例においては, 役員に求められる「相当の注意」の具体的内容は, 当該役員が当該会社において占めている地位, 担当職務の内容, 当時認識していた事実等に応じて個別に検討すべきであることを前提として判断を行っている事案が多い（アーバンコーポレイション事件役員責任追及訴訟東京地裁判決（東京地判平24・6・22金法1968号87頁, 詳細は第5章参照）等）が,「有価証券報告書は, 当該企業の内容を開示する極めて重要な書面であることからすると, 各取締役において, 当該有価証券報告書全体にわたり, 虚偽の記載がないか又は欠けているところがないかを互いに調査及び確認しあう義務があるというべきであり, 当該取締役が技術担当取締役であるということは, 上記の程度を軽減すべき事情に当たらないというべきである」として, 技術担当取締役についても免責を認めなかった裁判例も存在しており（ライブドア事件個人投資家訴訟東京高裁判決（東京高判平23・11・30金判1389号36頁）), 虚偽記載の内容, 会社の規模, 個々の役員の役割分担, 隠ぺい工作の有無・手法の状況等の事情を総合的に勘案して, 個々の

---

[29] 大蔵省証券局企業財務第二課『改正証券取引法解説』（税務研究会出版局, 1971年）129頁, 加藤貴仁「第21条」岸田雅雄『注釈金融商品取引法　第1巻　定義・情報開示』（金融財政事情研究会, 2011年）273頁, 神崎克郎＝志谷匡史＝川口恭弘『金融商品取引法』（青林書院, 2012年）553頁。

[30] 大蔵省証券局企業財務第二課『改正証券取引法解説』（税務研究会出版局, 1971年）129頁。

事案に応じて判断が行われているものと考えられる。

「相当の注意」について，有価証券届出書等の記載内容の適正化を図ろうとした同条の趣旨を没却することないよう厳格に認定されるべきであり，相当な注意を尽くさなかった役員等が，相当な注意を尽くしたとしても発見不可能であったと主張しても，免責は認められないとの見解がある[31]が，実際の裁判例においては，相当な注意を尽くしたとしても発見不可能であったとして免責を認めた裁判例も存在している（インネクスト事件東京地裁判決（東京地判平27・8・28判例集未登載））。

(a) 相当の注意を用いたことが否定された事例
(i) ライブドア事件個人投資家訴訟東京高裁判決（東京高判平23・11・30金判1389号36頁）

ライブドア事件個人投資家訴訟東京高裁判決（東京高判平23・11・30金判1389号36頁）では，技術担当取締役であることが「相当の注意」を軽減すべき事情に該当するか否かが問題となった。前記のとおり，一般的には，役員等がどの程度の注意を用いれば免責されるかという，「相当の注意」の具体的な内容は，各役員の職務内容および地位によって異なるとされているところ，同判決は，「有価証券報告書は，当該企業の内容を開示する極めて重要な書面であることからすると，各取締役において，当該有価証券報告書全体にわたり，虚偽の記載がないか又は欠けているところがないか互いに調査及び確認しあう義務がある」として，技術担当取締役であることは「相当の注意」の程度を軽減すべき事情にあたらないと判示した（旧証券取引法21条の2第2項・4項・5項に基づく請求）。

(ii) ニイウスコー事件個人投資家訴訟東京地裁判決（東京地判平26・12・25判例集未登載，2016年8月末現在上告審係属中）

ニイウスコー事件個人投資家訴訟東京地裁判決（東京地判平26・12・25）においては，人事担当取締役が相当の注意を尽くしたか否かが問題となった。同判決は，「取締役会や経営会議の場を通じて，人事以外の部門を含む業務全般

---

[31] 加藤貴仁「第21条」岸田雅雄『注釈金融商品取引法　第1巻　定義・情報開示』（金融財政事情研究会，2011年）272頁。

について，業務執行が適正に行われているかを監視する責任を負っていたというべきである」として，人事担当の取締役について相当の注意を尽くしたとは言えないと判示した（金商法24条の4・24条の5第5項・22条に基づく請求）。

(b) 相当の注意を用いたことが認められた事例
(i) 日本システム技研事件最高裁判決（最判平21・7・9民集231巻241頁）

従業員が営業成績を上げる目的で架空売上を計上したために有価証券報告書に不実の記載がされたことにつき，会社の代表者に従業員らによる架空売上の計上を防止するためのリスク管理体制構築義務違反の有無が争われた事案である。最高裁は，第1審および控訴審における判断を覆し，通常想定される架空売上の計上等の不正行為を防止しうる程度の管理体制は整えていたとして，代表取締役にリスク管理体制構築義務違反の過失はないと判示した。会社法350条に基づく請求であるが，金商法に基づく請求における取締役の「相当の注意」の判断においても参考になる事案である。最高裁がリスク管理体制構築義務違反の過失がないと判断した具体的な状況は，以下の判示のとおりである。

「本件不正行為当時，上告人は，①職務分掌規程等を定めて事業部門と財務部門を分離し，②GAKUEN事業部について，営業部とは別に注文書や検収書の形式面の確認を担当するBM課及びソフトの稼働確認を担当するCR部を設置し，それらのチェックを経て財務部に売上報告がされる体制を整え，③監査法人との間で監査契約を締結し，当該監査法人及び上告人の財務部が，それぞれ定期的に，販売会社あてに売掛金残高確認書の用紙を郵送し，その返送を受ける方法で売掛金残高を確認することとしていたというのであるから，上告人は，<u>通常想定される架空売上の計上等の不正行為を防止し得る程度の管理体制は整えていたものということができる</u>。そして，本件不正行為は，GAKUEN事業部の部長がその部下である営業担当者数名と共謀して，販売会社の偽造印を用いて注文書等を偽造し，BM課の担当者を欺いて財務部に架空の売上報告をさせていたというもので，営業社員らが言葉巧みに販売会社の担当者を欺いて，<u>監査法人及び財務部が販売会社あてに郵送した売掛金残高確認書の用紙を未開封のまま回収し，金額を記入して偽造印を押捺した同用紙を監査法人又は財務部に送付し，見かけ上は上告人の売掛金額と販売会社の買掛金額が一致するように巧妙に偽装するという，通常容易に想定し難い方法によるものであった</u>と

いうことができる。
　また，本件以前に同様の手法による不正行為が行われたことがあったなど，上告人の代表取締役であるAにおいて本件不正行為の発生を予見すべきであったという特別な事情も見当たらない。
　さらに，前記事実関係によれば，売掛金債権の回収遅延につきBらが挙げていた理由は合理的なもので，販売会社との間で過去に紛争が生じたことがなく，監査法人も上告人の財務諸表につき適正であるとの意見を表明しているというのであるから，財務部がBらによる巧妙な偽装工作の結果，販売会社から適正な売掛金残高確認書を受領しているものと認識し，直接販売会社に売掛金債権の存在等を確認しなかったとしても，財務部におけるリスク管理体制が機能していなかったということはできない。
　以上によれば，上告人の代表取締役であるAに，Bらによる本件不正行為を防止するためのリスク管理体制を構築すべき義務に違反したということはできない」

(ⅱ)　アーバンコーポレイション事件役員責任追及訴訟東京地裁判決（東京地判平24・6・22金法1968号87頁，控訴審において和解成立，詳細は第5章参照）

　アーバンコーポレイション事件役員責任追及訴訟東京地裁判決（東京地判平24・6・22金法1968号87頁）は，金商法24条の4，24条の5第5項，22条2項，21条2項1号の「相当の注意」の具体的内容について，「当該役員が当該会社において占めている地位，担当職務の内容，当時認識していた事実等に応じて個別に検討すべき」としたうえで，「相当程度大規模な株式会社において，各取締役の担当する職務の分掌が定められている場合には，各取締役は，自分の関与しない職務については，他の取締役の職務執行について，特に疑うべき事情がない限り，これを信頼したからと言って監視義務違反にはならない」と判示した。この判旨は，前記の「役員等がどの程度の注意を用いれば免責されるかという，『相当の注意』の具体的な内容は，各役員の職務内容及び地位によって異なる」とする立法担当官の説明に沿ったものと言える。

(ⅲ)　インネクスト事件東京地裁判決（東京地判平27・8・28判例集未登載）

　インネクスト事件東京地裁判決（東京地判平27・8・28）は，金商法24条2項，22条が準用する21条2項1号の「相当の注意」について，書類が偽造されてい

たことから「仮にそれらの書類を調査したとしてもこれが粉飾であるとの判断を行うことは困難であったと考えられるから，相当な注意を用いたとしても本件虚偽記載を知ることができなかった」として，担当事業が異なり，粉飾を知らなかった取締役について免責を認めた。

　(iv)　**シニアコミュニケーション事件東京地裁判決（東京地判平25・2・22判タ1406号306頁）**

　シニアコミュニケーション事件東京地裁判決（東京地判平25・2・22）は，金商法21条，22条，24条の4に基づく請求において，①取締役間で職務の分担が行われていたこと，②証憑等が偽造されていたこと，③監査法人の無限定適正意見が付されていたこと等から，財務を担当しておらず，取締役会に出席して報告書類に目を通していた取締役が相当な注意を用いていたと判示した。

　② 　監　査　役

　監査役については，社団法人日本監査役協会が監査役監査基準を作成し，公表しており，同監査役監査基準は，法令そのものではないが，監査役としての注意義務の内容を検討するに当たって考慮すべきものと考えられている（ニィウスコー事件個人投資家訴訟東京地裁判決（東京地判平25・10・15判例集未登載））。

　監査役は，独任制の機関であることから，監査役間の協議により，共同して監査を行うことまたは監査役間で職務の分担を行うことは可能であるが，会社との関係では各監査役が取締役の職務執行全般について監査義務を負っており，職務の分担があっても，特定の監査役が担当する部分の監査を怠った時は，他の監査役も任務懈怠責任を負う可能性があるとされている[32]。

　もっとも，監査役会設置会社の場合には，会社法390条2項3号により「監査役の職務の執行に関する事項」として，監査役の職務分担・役割分担の定めをすることができるものとされている。そのため，業務監査については，当該職務分担等の定めが合理的なものであれば，各監査役は，他の監査役の職務執行の適正さについて疑念を生ずべき特段の事情がない限り，当該職務分担等の定めに従って職務を行えば，「相当の注意を用いた」と認められるとされてい

---

[32] 吉本健一「第7節　監査役第381条」落合誠一『会社法コンメンタール8　機関（2）』（商事法務，2009年）396頁。

る（ニイウスコー事件個人投資家訴訟東京地裁判決（東京地判平26・12・25））。

(i) **ニイウスコー事件個人投資家訴訟東京地裁判決（東京地判平26・12・25判例集未登載）**

前記のとおり，ニイウスコー事件個人投資家訴訟東京地裁判決（東京地判平26・12・25判例集未登載）は，

「監査役会は，「監査役の職務の執行に関する事項」（会社法390条2項3号，旧商法特例法18条の2第2項）として，監査役の職務分担・役割分担の定めをすることができるところ，業務監査については，当該職務分担等の定めが合理的なものであれば，各監査役は，他の監査役の職務執行の適正さについて疑念を生ずべき特段の事情がない限り，当該職務分担等の定めに従って職務を行えば，「相当な注意を用いた」ものと認めることができるというべきである。また，会社の業務の適正確保等を目的とした内部統制システムが導入されている場合には，内部統制システムの整備及び運用状況等が適正なものと認められる限り，監査役は，内部統制システムによる報告や情報提供等を前提に職務を遂行すれば，「相当な注意を用いた」というべきである。

会計監査についても，……会計監査人設置会社においては，監査役は，会計監査人の監査の方法及び結果が相当でないと疑われる事情がある場合を除いては，会計監査人の監査結果を前提として自らの職務を遂行すれば，「相当な注意を用いた」と認めることができるというべきである」

と判示した。そして監査役会設置会社において，職務分担等の定めが合理的であれば，特段の事情がない限り，当該職務分担等の定めに従って職務を行えば，「相当な注意を用いた」と認められる旨，および，会計監査についても，会計監査人設置会社においては，特段の事情がない限り，会計監査人の監査結果を前提として職務を遂行すれば「相当な注意を用いた」と認められる旨を判示した。

(ii) **ニイウスコー事件個人投資家訴訟東京地裁判決（東京地判平25・10・15判例集未登載）**

上記のほか，ニイウスコー事件個人投資家訴訟東京地裁判決（東京地判平25・10・15判例集未登載）は「監査役の監査の指針としては，社団法人日本監査役協会が監査役監査基準を作成し，公表しており，同監査役監査基準は，法

令そのものではないが，本件における被告らの監査役としての注意義務の内容を検討するに当たって考慮すべきものと考えられる」として，社団法人日本監査役協会が作成した監査役監査基準は監査役としての注意義務の内容を検討するにあたり，考慮すべき旨を判示した。

(2) 公認会計士または監査法人

公認会計士または監査法人は，監査証明に係る書類について記載が虚偽であり，または欠けているものを虚偽でないあるいは欠けていないとして証明した場合に，責任を負うものとされている（金商法21条1項3号・22条・24条の4）。したがって，公認会計士または監査法人が責任を負うのは，財務書類に係る虚偽記載のみであり，有価証券報告書等の財務書類以外の部分に虚偽記載があったとしても責任を負うことはない[33]。

公認会計士は，一般に公正妥当と認められる監査の基準に従って監査を実施するものとされている。そのため，公認会計士または監査法人が，無過失を立証するためには，一般に公正妥当と認められる監査の基準に従って監査を実施したことを主張・立証することが必要である[34]。

裁判例においても，公認会計士または監査法人の過失の有無は，一般に公正妥当と認められる監査の基準に従って監査を実施したかどうかにより判断するものとされている（アイエックスアイ事件大阪地裁判決（大阪地判平24・3・23判時2168号97頁））。

(3) 売　出　人

有価証券届出書，目論見書に重大な虚偽記載がある場合には，有価証券の売出人も，損害賠償責任を負うものとされている（金商法21条1項2号・3項）。

売出人は，有価証券届出書を作成するものではなく，また，その作成に関与しうるものでもない。このような売出人に損害賠償責任を課している理由につ

33　神崎克郎『証券取引法』（青林書院，1987年）287頁～288頁。
34　神崎克郎『証券取引法』（青林書院，1987年）287頁，根田正樹「8　公認会計士の責任」川井健＝塩崎勤『新・裁判実務大系　専門家責任訴訟法』（青林書院，2004年）108頁。

いては，売出人が発行会社に有価証券届出書等の作成を依頼・指示し，売出による利益を享受する立場にあること，支配株主のように発行者に相当の影響力を行使できる立場にあることが指摘されている[35]。

(4) 元引受証券会社

有価証券届出書に重大な虚偽記載があるときは，有価証券の発行者または売出人と元引受契約を締結した証券会社は，損害賠償責任を負うものとされている（金商法21条1項4号）。

元引受証券会社は，公認会計士または監査法人の監査証明にかかる財務書類の虚偽記載については，それを知らなかったことを証明すれば責任を免れるものとされている（金商法21条2項3号）。したがって，元引受証券会社は，財務書類の虚偽記載については善意であれば責任を負わないことになる。

また，それ以外の部分については，元引受証券会社は，虚偽記載があることを知らず，かつ，相当な注意を用いたにもかかわらず知ることができなかったことを証明することにより責任を免れる（金商法21条2項3号）。

元引受証券会社が相当な注意を用いたか否かの判断基準については，2016年10月末現在ではこれを判断した裁判例等は存在していない。

もっとも，金商法に基づき金融庁長官の認可を受けて設立された自主規制団体である日本証券業協会（金商法第4章第1節第1款）が金融庁の意見もふまえて定めた自主規制ルールである『有価証券の引受け等に関する規則』および『「有価証券の引受け等に関する規則」に関する細則』において，新規上場時の際に公募される株式の引受審査手続を定めており，引受証券会社の審査手続がこれらの規則に則って行われていることをふまえれば，これらの規則に定められた手続が，元引受証券会社の注意義務違反の有無の判断を行うに当たっての参考となるものと考えられる。

---

35 長島・大野・常松法律事務所編『アドバンス金融商品取引法（第2版）』（商事法務，2014年）367頁〜368頁。

(5) 目論見書等の使用者

　有価証券の募集・売出しについて、重大な虚偽記載がある目論見書等を使用して有価証券を取得させた者は、善意で有価証券を取得した者に対し、損害賠償責任を負うものとされている（金商法17条）。

　本条の対象には目論見書以外の資料も含まれ、当該資料には文書のみでなく、口頭による表示も含まれるとされている[36]。

　前記(4)のとおり、金商法21条に関する責任は、元引受証券会社は、公認会計士または監査法人の監査証明にかかる財務書類の虚偽記載については善意であれば責任を負わないことになるが（金商法21条2項3号）、金商法17条には、金商法21条2項3号に該当する規定はなく、元引受証券会社が目論見書等を使用して有価証券を取得させた場合には、金商法17条に基づき財務書類の虚偽記載についても責任を負うことになる[37]。

　目論見書等の使用者は、虚偽記載があることを知らず、かつ、相当な注意を用いたにもかかわらず知ることができなかったことを証明することにより責任を免れる（金商法17条ただし書）。前記(1)のとおり役員については相当な注意を尽くしたとしても発見不可能であったとして、免責を認めた裁判例も存在しているが（インネクスト事件東京地裁判決（東京地判平27・8・28判例集未登載））、目論見書等の使用者については、裁判例が存在していない。学説では、免責を受けるためには、実際に相当な注意を用いたことが必要であり、たとえば、有価証券の発行者の新製品開発や他の企業との業務提携等の噂は、発行者に対して真偽を確認することが容易であるため、それをすることなく有価証券の取引に利用する場合には、相当な注意を用いたとは認められないと指摘されている[38]。

36　加藤貴仁「第17条」岸田雅雄『注釈金融商品取引法　第1巻　定義・情報開示』（金融財政事情研究会、2011年）239頁〜240頁。

37　近藤光男＝吉原和志＝黒沼悦郎『金融商品取引法入門（第4版）』（商事法務、2015年）204頁、加藤貴仁「第17条」岸田雅雄『注釈金融商品取引法　第1巻　定義・情報開示』（金融財政事情研究会、2011年）240頁〜241頁。

38　神崎克郎＝志谷匡史＝川口恭弘『金融商品取引法』（青林書院、2012年）562頁〜563頁。

第3章

損 害 論

　本章では，有価証券報告書等の虚偽記載により損害を被った投資家が発行会社その他の関係者に対して賠償を請求できる損害の範囲に関する考え方につき解説を行う。

　第1章でも解説したとおり，投資家は，民法709条などの一般法に基づく請求を行うことができるほか，因果関係や損害額について投資家側の立証の負担を軽減した金商法上の特則を利用することができる。もっとも，金商法の規定はあくまで民法709条の不法行為責任の特則であるから，まずは，原則となる民法上の不法行為責任に関する考え方を十分理解する必要がある。

　なお，証券訴訟における損害の範囲に関する考え方については，従来，さまざまな考え方が主張されてきたが，近時，西武鉄道事件およびライブドア事件において最高裁判決が示され，判例の立場が相当程度明らかになっていることから，本章ではこれらの最高裁判決を中心に検討している。

第3章　損害論

第1節

損害論の全体像

　はじめに金商法上の規定を概観すると，発行会社の民事責任については，故意・過失，因果関係や損害額のすべてについて推定規定等が設けられている。これに対して，役員，売出人，監査法人，引受証券会社等の民事責任については，原則どおり原告である投資家のほうで因果関係および損害額を主張立証することが必要である一方，故意・過失については立証責任が転換されている（下図参照）。

対象となる投資家	発行市場で有価証券を取得した投資家		流通市場で有価証券を取得または処分した投資家	
対象となる虚偽記載	有価証券届出書・目論見書の虚偽記載		有価証券届出書・継続開示書類の虚偽記載	
請求の相手方	発行会社	役員等	発行会社	役員等
故意・過失	無過失責任	立証責任転換	立証責任転換[1]	立証責任転換
因果関係	推定される	主張・立証必要	推定される	主張・立証必要
損害額	法定責任額	主張・立証必要	推定規定を利用可能	主張・立証必要
根拠条文（すべて金商法）	18条，19条	21条	21条の2	22条など

1　従来は無過失責任とされていたが，金融商品取引法等の一部を改正する法律（平成26年法律第44号）により，現2項が新設され，無過失責任から立証責任の転換された過失責任に改正された。もっとも，同改正法の施行日は，平成27年5月29日であり，同日より前に提出された有価証券報告書等の虚偽記載については無過失責任である。

これらの推定規定等は，民法709条の不法行為責任の存在を前提に，投資家保護の観点から請求の相手方ごとに設けられた特則である[2]。

　本章では，まず，発行会社，その役員，売出人，監査法人，引受証券会社等すべての関係者に共通する損害論の考え方を理解するために，民法709条の不法行為責任に基づき損害賠償請求を行った場合に請求できる損害の範囲についての原則的な考え方を説明し（後記**第2節**），そのうえで，金商法上の特則に関し説明する（後記**第3節**，**第4節**）。

2　金商法21条の2について，三井秀範編著『課徴金制度と民事賠償責任　条解証券取引法』（金融財政事情研究会，2005年）153頁参照。

第3章 損害論

第2節

不法行為責任に基づく損害についての原則的な考え方

　不法行為責任に基づく損害についての原則的な考え方は，最高裁判決や学説の蓄積により，相当程度明らかになってきている。そこで，以下では，まず，この原則的な考え方を要約して示す（後記[1]）。端的に結論のみを知りたい方はこの部分だけをご覧頂ければよい。

　その上で，この原則的な考え方を導くための議論を確認し（後記[2]），最後に，この考え方を個別の事案に当てはめる際の留意点や未解決の問題点などの個別の問題点について解説する（後記[3]）。

　なお，本節では，発行会社が被告として損害賠償請求を受ける場合を念頭に置いて説明をしているが，役員等が被告として損害賠償請求を受ける場合も，原告である投資家に生じている損害は同じであるから，基本的に同じ考え方が妥当する。

[1] 判例などから導かれる原則的な考え方

　有価証券報告書等の虚偽記載により投資家に生じる損害について，現在までに最高裁判例などによって明らかになっている原則的な考え方は以下のとおりである。

　投資家が，虚偽記載がなければ，虚偽記載を行った発行会社の株式を取得しなかったといえるか否かで大きく2つの検討の枠組みに分かれることになり，そのうえで，それぞれの枠組みに沿って分析を進めることになる。

(1) 有価証券報告書等の虚偽記載がなければ，株式を取得しなかったといえる場合の損害（取得自体損害）

- ●基本的な考え方：株式の取得価額と，(i) その株式を処分した場合には処分価額との差額を，(ii) また，上記株式を保有し続けているときは事実審の口頭弁論終結時の株式の市場価額（上場が廃止された場合にはその非上場株式としての評価額）との差額をそれぞれ基礎とし，当該虚偽記載に起因しない市場価額の下落分を控除して得られた額が損害額となる。

- ●損害額の算定式：|取得価額－処分価額（または，事実審口頭弁論終結時評価額)| －虚偽記載に起因しない市場価額の下落分

- ●取得自体損害のイメージ図

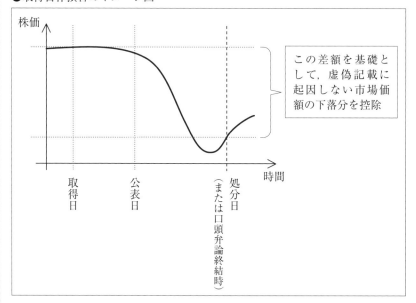

- ●虚偽記載に起因しない市場価額の下落の例（最判平23・9・13民集65巻6号2511頁）
  - ○ 経済情勢，市場動向，当該会社の業績による下落
  - × ろうばい売りの集中による下落

(2) 有価証券報告書等の虚偽記載がなければ，株式を取得しなかったとまではいえない場合（有価証券報告書等の虚偽記載がなければ，より低い値段で株式を取得していたといえる場合）の損害（取得時差額損害＋α）

●基本的な考え方：株式の取得価額と，取得時の想定市場価額の差額（取得時差額）が損害額となる。ただし，取得時差額を超える下落であっても虚偽記載と相当因果関係が認められる限り損害となる

●損害額の算定式＝取得時差額（＝取得価額－取得時の想定市場価額）
　　　　　　　　＋取得時差額を超える下落のうち虚偽記載と相当因果関係が認められるもの

●取得時差額損害のイメージ図

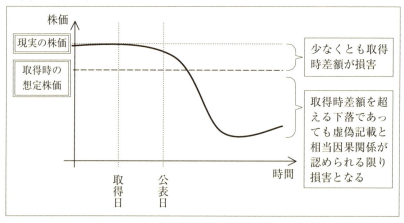

●取得時差額を超える下落のうち虚偽記載と相当因果関係が認められるものの例（最判平24・3・13民集66巻5号1957頁）
　○　虚偽記載を理由とする会社への強制捜査，代表取締役の退任，上場廃止およびこうした事態をめぐるマスメディアの報道により売り注文が殺到して生じた値下り
　×　虚偽記載とは異なる違法行為に関する報道による値下り

2 取得自体損害（説）と取得時差額損害（説）

(1) 基本となる考え方

① 差額説

　有価証券報告書等の虚偽記載により投資家が被る損害の額については，不法行為責任に基づく損害賠償請求における損害の捉え方に関する「差額説」に基づいて考えることになる。

　ここで，差額説とは，損害を，<u>加害行為がなかったと仮定したならば存在したであろう利益状態（仮定的利益状態）と現に存在する利益状態（現実的利益状態）の差</u>として捉える考え方であり，学説上は批判もあるものの，判例が古くから採用している考え方である（最判昭39・1・28民集18巻1号136頁ほか）。

　差額説を虚偽記載のあった事案に当てはめる際，投資家の仮定的利益状態（虚偽記載がなかったとしたならば存在したであろう利益状態）として，「有価証券を取得しなかった状態」を仮定するか，「有価証券をより安価に取得していた状態」を仮定するかによって，大きく分けて次の2つの考え方が生じることになる。

② 取得自体損害（説）

　1つ目の考え方は，虚偽記載がなければそもそも有価証券を取得しなかったはずであるという前提に立ち，有価証券を取得しなければ置かれていたであろう経済状態を回復させようとする考え方であり，「取得自体損害説」，「原状回復説」などと呼ばれている。取得自体損害説を純粋に貫けば，「株式の取得価額と，(i)その株式を処分した場合には処分価額との差額を，(ii)また，上記株式を保有し続けているときは事実審の口頭弁論終結時の株式の市場価額（上場が廃止された場合にはその非上場株式としての評価額）との差額」が損害となる。

　西武鉄道事件個人投資家訴訟最高裁判決（最判平23・9・13民集65巻6号2511頁）は，取得自体損害を認めたリーディングケースである。

　西武鉄道事件の事案は，投資家が西武鉄道株式を取得する以前から，長期間にわたり，有価証券報告書等において大株主の所有株式数を記載していなかったというものであり，もし，投資家が西武鉄道株式を取得する以前に西武鉄道

が有価証券報告書等の虚偽記載をやめていれば，西武鉄道株式は上場廃止となっていた蓋然性が高いといえる事案だった。最高裁は，このような事実関係を前提に，投資家は「本件虚偽記載がなければ，取引所市場の内外を問わず，西武鉄道株を取得することはできず，あるいはその取得を避けたことは確実であっ」たと判示し，「有価証券報告書等に虚偽の記載がされている上場株式を取引所市場において取得した投資者が，当該虚偽記載がなければこれを取得することはなかったとみるべき場合，当該虚偽記載により上記投資者に生じた損害の額，すなわち当該虚偽記載と相当因果関係のある損害の額は，上記投資者が，当該虚偽記載の公表後，上記株式を取引所市場において処分したときはその取得価額と処分価額との差額を（中略）基礎と」すると判示した。

③ 取得時差額損害（説）

もう1つの考え方は，虚偽記載がなければより低い市場価額が形成されており，その価額で株式を取得していたであろうという前提に立ち，想定市場価額と実際の取得価額との差額を填補させようという考え方であり，「取得時差額損害説」，「高値取得損害説」などと呼ばれている。取得時差額損害説を純粋に貫けば「取得時差額（＝取得価額－取得時の想定市場価額）」が損害となる。

不法行為に基づく損害賠償請求訴訟において取得時差額損害を認めた最高裁判決は見当たらないが，ライブドア事件機関投資家訴訟最高裁判決（最判平24・3・13民集66巻5号1957頁）は，金商法21条の2第2項の推定損害の損害の性質について判示するに当たって，認められるべき損害の範囲に取得時差額損害が含まれることを前提とする判示を行っている。

④ 取得自体損害（説）と取得時差額損害（説）の関係

以上の2つの考え方については，しばしば取得自体損害「説」，取得時差額損害「説」と呼ばれるため，いずれかの「説」が理論的に正しいかのような印象があり，かつてはそのような捉え方を前提とする下級審裁判例も存在した。しかし，上記のとおり，これらの考え方は前提とする事実関係が異なっているのであり，お互いに矛盾するものではない。

虚偽記載がなかったと仮定した場合に投資家がどちらの行動をとったかは，理論的に一律に決まるものではなく，（あくまで仮定の世界の話ではあるが）事実認定の問題であり，投資家の投資傾向や虚偽記載の影響の大きさ等を踏ま

えて裁判所が事実認定をして決定することになる[3]。

　なお，原告（投資家）が取得自体損害説に立って主張を構成している場合に，裁判所が取得時差額説に立って損害を算定してよいかは，民事訴訟法上の弁論主義との関係で問題がある。被告（発行会社等）の攻撃防御方法に大きな影響を及ぼしうる点であり，単に算定方法の相違に過ぎないとして，取得時差額説に立って請求を（一部）認容することには異論も考えられるであろう。

(2) 相当因果関係による損害賠償範囲の修正

　以上のとおり，有価証券報告書等の虚偽記載による損害の範囲に関する主な考え方は，差額説に基づき取得自体損害と取得時差額損害に大別される。

　もっとも，不法行為に基づく実際の損害賠償の範囲は，この差額説のみによって決まるものではない。賠償範囲を確定するためには，不法行為と損害との間に相当因果関係が必要とされる（相当因果関係論，判例（富喜丸事件・大判大15・5・22民集5巻386頁））。有価証券報告書等の虚偽記載による損害の範囲についても相当因果関係の有無を検証する必要がある。

　差額説に基づく損害の中に，相当因果関係が認められないものが含まれていれば，その部分は賠償範囲から除外されることになるし，反対に，不法行為との間に因果関係が認められる限り，取得自体損害や取得時差額損害以外の損害であっても賠償範囲に含まれる損害となる。

① 取得自体損害に関する相当因果関係による修正

　上記(1)のとおり，「取得自体損害」の考え方を純粋に貫けば，「株式の取得価額と，(i)その株式を処分した場合には処分価額との差額を，(ii)また，上記株式を保有し続けているときは事実審の口頭弁論終結時の株式の市場価額（上場が廃止された場合にはその非上場株式としての評価額）との差額」が損害となる

3　取得自体を損害とみるべきか，取得時差額を損害とみるべきかを決するに当たっては，取得自体を損害とみる場合，効果として，契約の取消しにより，原状回復的な処理をするのと同じことになるため，意思表示を取り消しうる場合と同程度のものと評価しうる事情（契約の効力が否定されるのも当然であるといえるだけの事情）が存在しなければならないとの基準を示す見解もある（潮見佳男「虚偽記載等による損害」商事法務1907号16頁）。

はずである。

しかし，たとえば，【図表】のように虚偽記載の公表前に虚偽記載とは無関係に株価が下落していた場合に，その下落部分（aの一部または全部）が損害の範囲に含まれるとすることには，価値判断として異論もあり得るところであろう。また，虚偽記載が公表されると，一定期間，大量の売り注文（いわゆるろうばい売り）が殺到し，一旦，株価が急落した後，市場が平静を回復するとともに徐々に株価が回復するという現象がしばしば生じるが，この点についても，（株価の回復を待たず）ろうばい売りが行われている期間にみずからも株式を売却したことで生じる損害（$β$の一部または全部）について，その全額を損害賠償の範囲に含めることについては，意見が分かれるように思われる。

【図表】　株価下落と相当因果関係

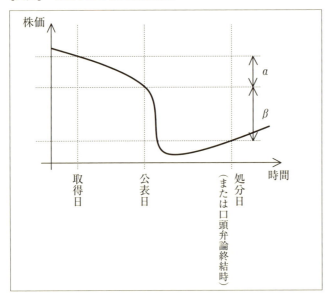

この点が，相当因果関係の問題として争われたのが西武鉄道事件である。

西武鉄道事件個人投資家訴訟最高裁判決（最判平23・9・13民集65巻6号2511頁）は，まず，投資家は，虚偽記載がなければ，西武鉄道の株式を取得することはなかったと判示し，取得価額と処分価額（または当該株式の口頭弁論終結

第2節　不法行為責任に基づく損害についての原則的な考え方

時の価額）との差額が損害賠償の「基礎」になると認めたうえで，これらの差額から，「経済情勢，市場動向，当該会社の業績等虚偽記載に起因しない市場価額の下落分」を控除して算定すべきものとした。

　最高裁は，この控除の理由を「上記投資者が自らの判断でその保有を継続していた間に生ずる上記要因に基づく市場価額の変動のリスクは，上記投資者が自ら負うべきであり，上記要因で市場価額が下落したことにより損失を被ったとしても，その損失は投資者の負担に帰せしめるのが相当である」と説明している。

　そのうえで，【図表】の a（公表前の下落部分）については，「一般的には，虚偽記載が公表されていない間には虚偽記載が市場価額に影響を与えることは少なく，虚偽記載とは無関係な要因に基づくものであることが多いと考えられる」と判示した。また，これに続けて，虚偽記載の内容が特定の大株主（後述の a 社）の保有株式数を偽るものであったという西武鉄道事件に固有の事情を前提に，「本件公表前に a 社が本件虚偽記載に係る他人名義株を売却するなどして本件虚偽記載が一部解消されていたというのであり，その頃本件虚偽記載に起因して被告西武鉄道株の市場価額が下落していた可能性がある」として，公表前の下落部分の中にも一部虚偽記載と因果関係のある損害が存在する可能性があると判示した。

　他方，【図表】の β（公表後の下落部分）については，「虚偽記載が公表された後の市場価額の変動のうち，いわゆるろうばい売りが集中することによる過剰な下落は，虚偽記載が判明することによって通常生ずることが予想される事態であって，これを当該虚偽記載と相当因果関係のない損害として上記差額から控除することはできない」としている。

　以上の西武鉄道事件個人投資家訴訟最高裁判決の判示によれば，結局，【図表】の a は原則として損害に含まれず，他方，β は損害に含まれることとなる。

②　取得時差額損害に関する相当因果関係による修正

　これに対して，ライブドア事件機関投資家訴訟最高裁判決（最判平24・3・13民集66巻5号1957頁）は，相当因果関係という言葉を，損害の範囲を広げる方向で用いている。

　ライブドア事件の事案では，実際には経常損失が3億1278万4000円発生して

85

いたにもかかわらず，本来売上に計上することができないライブドア株式の売却益や架空売上を売上高に含めるなどして，連結経常利益50億3421万1000円を計上するという虚偽の記載が問題となった。原告である投資家が金商法21条の2に基づき損害賠償請求を行ったところ，第1審，控訴審では，金商法21条の2第2項に基づく損害額の推定を行ったうえで，請求の一部を認容した。これに対して，上告人（旧ライブドア）が，金商法21条の2第2項にいう「損害」とは，取得時差額に限定されると主張した。

こうした上告人の主張に対して，最高裁は，「金商法21条の2第1項において，請求額について，19条の定める限度額を上限としているほかは何らの制限もないことからすれば，21条の2第1項にいう「損害」とは，一般不法行為の規定に基づき，その賠償を請求することができる損害と同様に，虚偽記載等と相当因果関係のある損害すべてを含むものと解される。同条2項（現3項）は，同条1項を前提として，損害額を推定する規定であるから，そこにいう「損害」も，虚偽記載等と相当因果関係のある損害をすべて含むと解するのが相当であって，これを取得時差額に限定すべき理由はない」と判示している（下線は筆者）。

そのうえで，最高裁は具体的には，虚偽記載に起因する強制捜査，代表取締役の解任，上場廃止，売り注文の殺到，市場の混乱等はすべて予想されることであるから，それによる値下りは，虚偽記載と相当因果関係にあるとして損害に含まれるとする一方，虚偽記載とは無関係な新聞報道（継続開示の虚偽記載とは別の子会社化をめぐる不正に関するもの）による値下り分は本件虚偽記載と関係がないので，損害から差し引くべきと判示している。

上記(1)③のとおり，取得時差額という考え方は取得時に発生する損害に関する考え方であって，取得時より後に虚偽記載が株式価格に与える影響を考慮していない。しかし，相当因果関係が認められる限り，それ以外の損害も賠償の範囲に含まれるのは，いわば当然のことといえる。

③　相当因果関係により修正された取得自体損害と取得時差額損害の関係

取得自体損害と取得時差額損害は，有価証券報告書等の虚偽記載があった場合に認められる損害の理念型ではあるものの，いずれについてもそれがそのま

ま損害となるわけではなく，一般不法行為に基づく損害賠償の大原則である相当因果関係の枠組みに従って，最終的に認められる損害の範囲は修正されることとなる。

このように，同じ「相当因果関係」という概念で損害の範囲の調整が行われるとすると，結局，取得自体損害が認められる場合（虚偽記載がなければ株式を取得することがなかったといえる場合）と，取得時差額損害が認められる場合（虚偽記載がなければ，その値段では株式を取得しなかった（より低い値段で株式を取得した）といえる場合）とでは，損害額の算定に当たって，取得自体損害（取得価額−処分価額）から出発して虚偽記載に起因しない市場価額の下落分を差し引くか，取得時差額（取得価額−処分価額）から出発して取得時差額を超える損害について相当因果関係が認められるものを加えるかという出発点の違いはあるものの，虚偽記載と相当因果関係のある株価の下落額が損害額となるという意味で結果においては大きな違いが生じないこととなったとの指摘もある[4]。

もっとも，取得自体損害が認められる事案の場合には「取得価額−処分価額」が損害の基礎となるため，原告がこの損害額を主張立証した場合には，その中に虚偽記載に起因しない市場価額の下落分が存在することについては，被告である発行会社側が積極的に反論しなければならないのに対し，取得時差額損害が認められる事案の場合に，取得時差額損害の存在および取得時差額を超える損害であって相当因果関係が認められるものの存在については原告である投資家側が積極的に主張立証する必要があるため，訴訟追行上の当事者双方の負担にはなお違いがあるものと思われる。また，取得自体損害から「虚偽記載に起因しない市場価額の下落分」を差し引いた範囲と，取得時差額損害に，取

---

4 黒沼悦郎「有価証券報告書の虚偽記載と発行会社の損害賠償責任（2）」神田秀樹＝神作裕之編『金融商品取引法判例百選（別冊ジュリスト214号）』（有斐閣，2013年）12頁は，「損害額の算定を取得・処分差額から出発するか，虚偽記載の公表後の市場下落額から出発するかという程度の差しか生じないこととなった」と指摘する。また，神田秀樹「不実開示と投資者の損害」前田重行先生古稀記念『企業法・金融法の新潮流』（商事法務，2013年）313頁以下は，「「取得自体損害」と「高値取得損害」のどちらを主張できるか，どちらも主張できるかという問いを発することは，実際問題としてはあまり意味はなさそうである」と指摘する。

得時差額を超える損害であって虚偽記載と相当因果関係が認められるものを加えた範囲が，完全に一致するかも定かではない。

こうしたことから，実際の訴訟においても，多くの場合，投資家側は，取得自体損害の方が容易に取得時差額損害より多額の損害を主張立証できると考えて，主位的に取得自体損害を主張し，予備的に取得時差額損害を主張することが多いようである。両者の関係については，今後の議論，実務の蓄積が待たれるところである。

3 個別の問題点

(1) 取得自体損害はどのような場合に認められるか

投資家側が取得自体損害を主張する場合，まず，有価証券報告書等の虚偽記載がなければ，株式を取得しなかったといえることを主張立証しなければならない。これに対して，取得自体損害が認められないと主張する発行会社側は，有価証券報告書等の虚偽記載がなくとも，投資家が発行会社の株式を取得したと積極否認の主張をし，原告の主張に対し反論反証する必要がある。

それでは，虚偽記載がなければ，株式を取得しなかったといえるのはどのような場合であろうか。

① 虚偽記載がなければ上場されていない場合

取得自体損害を認めたリーディングケースである西武鉄道事件では，大株主の所有株式数について虚偽記載が行われており，虚偽記載が行われず，正確な情報が開示されていれば，西武鉄道株式は上場廃止基準に該当し，投資家の取得時以前に上場廃止となっている蓋然性が高かった。一般の投資家が，上場廃止事由に該当し上場廃止となった株式に投資することは極めて考えにくいから，このような場合には，虚偽記載がなければ，株式を取得しなかったと認定して差し支えないと考えられる。

これと反対に，オリンパス事件東京地裁判決（東京地判平27・3・19判時2275号129頁）においては，株式の発行会社が「虚偽記載をやめ，あるいはその虚偽記載を訂正していた場合であっても，被告が債務超過ないし虚偽記載に係る各上場廃止基準に該当していた蓋然性は極めて低く，原告が本件株式を取得し

た平成23年10月当時において被告株式につき上場廃止の措置が採られていた蓋然性は極めて低かった」ことを理由に，虚偽記載がなければ取得しなかったとの原告の主張が否定されている。

② 原告の投資傾向や取得の経緯から，虚偽記載がなければ取得していないことが直接証明できる場合

虚偽記載がなければ上場されていないとまではいえない場合であっても，たとえば，①発行者が粉飾により黒字決算を作出していたという事案で，原告が，「赤字会社の株は買わない」との方針を立てて投資していたことが立証できた場合，②発行会社の虚偽記載をもとにアナリストが作成・公表した推奨記事を読んで，原告が当該有価証券を購入したのであり，不実開示がなかったら推奨記事で取り上げられず，原告が購入することもなかったであろうことを立証することができた場合などをあげる論者がいる[5]。

たしかに，このような場合も，虚偽記載がなければ，株式を取得しなかったと認定して差し支えないであろう。特に機関投資家の場合には，自社の運用方針を書面で詳細に作成していることもあり得，そのような場合には，有価証券取得当時の自社の投資方針を立証することも容易であろう。

③ 虚偽記載がなければ上場されていないとまではいえない場合

実際の有価証券報告書等の虚偽記載の事案は，以上の①および②にあげた例のように，虚偽記載がなければ株式を取得していなかったとただちにいえるようなものばかりではない。こうした通常の事案では，当該事案における投資家の投資傾向や虚偽記載の重大性等も加味して，総合的に判断して事実認定することとなる。

投資家の投資傾向に関していえば，たとえば，原告である投資家が投機的な投資を繰り返している場合や，現に，虚偽記載が公表された後も虚偽記載のあった有価証券の購入を継続していた場合などは，虚偽記載がなければ株式を取得しなかったといえない場合が多いであろう。

また，単に，「虚偽記載が行われていなければ発行会社の業績が悪いことが明らかになっていた」というだけで，投資家が当該株式を取得していなかった

---

5 黒沼悦郎「証券取引法における民事責任規定の見直し」商事法務1708号9頁。

と立証することができるかは疑問である。業績が悪いことが公表されていれば，業績が悪いなりの低い株価がつくのであるから，その株式は当該発行会社の業績に比して割高とはならず，もっと低い株価で取得していた，すなわち，取得時差額損害が存在するとはいえても，ただちに，投資家がその株式を取得したはずがないとまではいえないように思われる。現実の市場取引を見ても，赤字を公表した上場会社の株式や虚偽記載が発覚した上場会社の株式も，その後，日常的に売り買いされているのであり，このような考え方は現実にも即している。

　なお，ライブドア事件機関投資家訴訟最高裁判決（最判平24・3・13民集66巻5号1957頁）において，田原睦夫裁判官の補足意見は，「一般に流通市場において株式を取得する者は，投資目的（株価の上昇または配当に対する期待）で取得するのであるから，発行会社が虚偽記載等のない経常赤字の有価証券報告書を公表していた場合に，特段の事情のない限り虚偽記載等が公表されていない場合と同様にその株式を取得することは通常あり得」ないと論じている。この論に従えば，上記の運用方針などを検討するまでもなく，広く投資家一般について取得自体損害が認められることになる。

　しかし，虚偽記載のない経常赤字の有価証券報告書を公表していた場合に，その株式を取得することは通常あり得ないという推論が経験則に照らし常に成り立つかについては疑問の余地があろう。

　また，ニイウスコー事件個人投資家訴訟東京高裁判決（東京高判平23・4・13金判1374号30頁）は，発行会社が東証一部に上場した直後から継続的に大幅な赤字を計上しており，今期は債務超過に陥ったにもかかわらず，増収増益を続けてきたかのように虚偽記載を行ったという事案で，上記のような経営状態・資産状態であり，上場以来虚偽報告をしていることが明らかとなった会社の株式を一般の投資家が取得することは考え難いと判示しているが，田原補足意見同様，経験則に照らしそのようにただちに断じてよいかは疑問の余地がある。

④ 虚偽記載が継続的に行われている場合に，原告の取得直前期の虚偽記載のみの不存在を仮定して，虚偽記載がなければ，株式を取得しなかったかを判断することはできるか

上記③と関連するが，やや特殊な問題として，虚偽記載が複数年度にわたって継続的に行われている場合に，虚偽記載がなければ存在した状態（仮定的利益状態）として，「従来行われていた虚偽記載が原告の取得直前期の虚偽記載のみが行われていなかった状態」を仮定することが許されるかという問題がある。

原告が有価証券を取得する以前に，発行会社が複数年度にわたって虚偽記載を継続している場合に，継続的に行われてきた虚偽記載のすべてではなく原告の取得直前期に提出した有価証券報告書等においてのみ虚偽記載が行われなかったという状態を仮定すると，その仮定の下では，従来行われていた虚偽記載と連続性のない有価証券報告書等が突如提出されることになるため，必然的にそれまでの粉飾決算が明らかになった状態を仮定することになる。原告としては，それ以前の粉飾決算が明らかになっていれば，虚偽記載のあった有価証券を取得するはずがないといいやすいため，しばしばこのような仮定を置いたうえで取得自体損害を主張することになる。ライブドア事件機関投資家訴訟最高裁判決における田原補足意見も，「同社（注．ライブドア）が虚偽記載等を行っていて同社の公表資料の信用性に疑念が存することが予め判っている場合に，そのような株式を投資目的で取得する者など存しないといえる」と論じており，仮定的利益状態を考察するにあたって，虚偽記載をする会社であるということまで含めて考えている。

これに対しては，仮定的利益状態を考察するに当たっては，加害原因がなかったことが前提となる以上，加害原因に関する事実は基礎事実から除くべきであるとの指摘がなされているところである[6]。

この論点について，本書執筆時点では，判例学説上，確定した見解は存在しないように思われるが，若干の私見を述べれば次のとおりである。

---

6 白井正和「ライブドア事件最高裁判決の検討（下）有価証券報告書の虚偽記載に基づく発行会社の損害賠償責任」商事法務1972号19頁参照。

まず，①複数年度にわたる有価証券報告書等の虚偽記載が実質的に同一内容である場合には，まさに一体の加害行為と捉え，仮定的利益状態としては，それら複数年度の有価証券報告書等全部に虚偽記載がなかった状態を仮定すべきものと思われる。

他方，②複数年度にわたる有価証券報告書等の虚偽記載が年度ごとに実質的に異なる内容である場合には，加害行為は複数存在するものと考えることになろう。もっとも，原告が複数年度にわたる虚偽記載のすべてを加害行為として主張し，これらと相当因果関係のある損害すべての賠償を求めるのであれば，複数の加害行為すべてが行われなかった状態（すなわち，複数年度の有価証券報告書等の全部に虚偽記載がなかった状態）を仮定すべきものと思われる。これと異なり，上記②の場合に，敢えて，取得直前期の有価証券報告書等についてのみ虚偽記載があったと主張することも，弁論主義の建前からすると許容されるように思われるが，その場合，取得直前期より前の期の有価証券報告書等の記載に起因して生じた損害は「虚偽記載」に起因する損害ではないものとして扱うべきであるから，賠償すべき損害額から差し引かれるべきであろう。

(2) 取得自体損害が認められた場合に，「虚偽記載に起因しない市場価額の下落分」とされる事項，されない事項は何か

個別の事案において，上記(1)の検討を通じて取得自体損害が認められた場合に，次に問題となるのは，取得自体損害（取得価格－処分価格）から差し引かれるべき「虚偽記載に起因しない市場価額の下落分」である。以下では，すでに紹介したものも含め，最高裁および下級審の判決で，虚偽記載に起因しない市場価額の下落分に該当するかが問題となった事項について整理する。

① 経済情勢，市場動向，当該会社の業績（虚偽記載に起因しない）

経済情勢，市場動向，当該会社の業績については，西武鉄道事件個人投資家訴訟最高裁判決（最判平23・9・13民集65巻2511頁）が明示的に挙げており，実質的にも虚偽記載に起因しないと理解することに特段争いはないものと思われる。

なお，西武鉄道事件個人投資家訴訟最高裁判決は，虚偽記載公表までの間の市場価額の下落分については，「一般的には，虚偽記載が公表されていない間

には虚偽記載が市場価額に影響を与えることは少なく，虚偽記載とは無関係な要因に基づくものであることが多い」と判示しており，後記③および④で述べるような特殊な事情を除き，虚偽記載公表前の株価下落は虚偽記載と無関係であるとしている。

② ろうばい売り（虚偽記載に起因する）

西武鉄道事件個人投資家訴訟最高裁判決は，虚偽記載が公表された後の市場価額の変動のうち，いわゆるろうばい売りが集中することによる過剰な下落は，虚偽記載が判明することによって通常生ずることが予想される事態であって，「当該虚偽記載と相当因果関係のない損害」として上記差額から控除することはできないとしている。

③ 虚偽記載公表前に虚偽記載を解消するために行われた株式の売却による市場価額の下落（虚偽記載に起因する）

西武鉄道事件に特殊の問題ではあるが，同事件では，虚偽記載の内容が大株主の株式保有状況であったことから，西武鉄道事件最高裁判決では，大株主が虚偽記載を解消するために虚偽記載公表前に行った株式売却による市場価額の下落は，「虚偽記載に起因する」と判断された。

④ 虚偽記載の発覚を防ぐために行われた代表取締役の解職による市場価額の下落（虚偽記載に起因する）

オリンパス事件大阪地裁判決（大阪地判平27・7・21金判1476号16頁）では，当時のオリンパスCEOであったマイケル・ウッドフォード氏が代表取締役を解職されたことを機に株価が大幅下落したことについて，虚偽記載の発覚を防ぐ目的で解職したものと推認できるとして，虚偽記載と相当因果関係のある株価下落であると判断された。

⑤ 原告の株式取得後に行われた虚偽記載により生じた下落（株式取得前の虚偽記載には起因しない）

インネクスト事件東京地裁判決（東京地判平27・8・28判例集未登載）は，①発行会社が売上の前倒し，経費の先送りによる虚偽記載（本件虚偽記載）を行った第4期の有価証券報告書を提出，②投資家が株式を取得，③発行会社がさらに循環取引，架空取引による虚偽記載を行った第6期以降の有価証券報告書等を提出，④発行会社がすべての虚偽記載を公表（本件公表），という経緯

を経た事案において，次のとおり判示して，本件虚偽記載の公表と相当因果関係のある損害を，本件公表による市場価額の下落の1割5分とした。

「本件公表は，第4期報告書の本件虚偽記載だけでなく，第5期から第8期第3四半期までにおける粉飾の事実の公表をも含むものであり，第5期の粉飾は第4期の本件粉飾の逆粉飾であるにしても，第6期以降のそれは本件粉飾よりも大きな額の粉飾であり……，本件公表に本件粉飾よりも近い時期の粉飾であるから，本件公表によるa社株式の市場価額の下落には，本件虚偽記載の公表よりも第6期以降の粉飾の事実の公表による影響がより大きく作用していると考えられる」

第3節

流通開示の場合の特則
（金商法21条の2第3項）

1 概　説

(1) 推定損害額の計算方法

　有価証券報告書等に虚偽記載があった場合の投資家の損害については，損害賠償額を推定する規定が設けられている（金商法21条の2第3項）。すなわち，虚偽記載の事実の公表日前1年以内に，当該有価証券を取得し，当該公表日において引き続き当該有価証券を所有する者は，「公表日前1カ月間の有価証券の市場価額の平均額（市場価額がないときは処分推定価額）－公表日後1カ月間の当該有価証券の市場価額の平均額」を虚偽記載により生じた損害の額とすることができる。

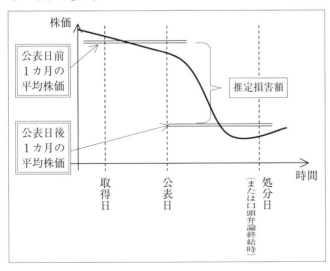

金融庁の立案担当者は，この推定損害額につき，「現実に真実が公表され証券の価額が下落した場合に，その下落額は，いわば不実開示によって不当に高く評価されていた価額の近似値であると考え，法律上，『下落額』≒『差額説による理論価額』と評価して，本推定規定を設けた」としており，取得時差額の近似値と考えていたようである[7]。

　ライブドア事件機関投資家訴訟最高裁判決（最判平24・3・13民集66巻5号1957頁）では，「公表日前1ヵ月の平均株価（720円）－公表日後1ヵ月の平均株価（135円）＝585円」を推定損害額として請求がなされた。

　推定規定を利用できる者は，公表日前1年以内に取得し，公表日において引き続き当該有価証券を保有する者である。取得時と公表時との間隔が開いている場合，有価証券の価格決定の基準となる経済状況も大きく変化している可能性が高い。そこで，推定規定の利用者を，公表日前1年内に取得した者に限定している。さらに，推定規定は，公表日において引き続き当該有価証券を所有する者に限られる。公表前に有価証券を売却した者は，虚偽記載が原因となる価格の下落による損害を受けていないからである。

(2)　「公表」の意義

　ここでいう「公表」（「虚偽記載等の事実の公表」[8]）とは，ライブドア事件機関投資家訴訟最高裁判決によれば，①当該書類の提出者または当該提出者の業務もしくは財産に関し法令に基づく権限を有する者により，②当該書類の虚偽記載等に係る記載すべき重要な事項または誤解を生じさせないために必要な重要な事実について，③多数の者の知りうる状態に置く措置がとられたことをいうと判示されている。

　①（公表の主体）としては，典型的には有価証券報告書等の提出者が想定さ

7　三井秀範編著『課徴金制度と民事賠償責任　条解証券取引法』（金融財政事情研究会，2005年）37頁。
8　条文上は，正確には，「（金商法）第25条第1項の規定による公衆の縦覧その他の手段により，多数の者の知り得る状態に置く措置がとられたこと」をいうと規定されている。もっとも，前半の「～公衆の縦覧」までは例示に過ぎないので，結局，単に何らかの手段で「多数の者の知り得る状態に置く措置がとられたこと」が要件となる。

れるが，ライブドア事件機関投資家訴訟最高裁判決では，事件を捜査した検察官が公表の主体に該当するものとされた。②（公表の対象）については，「虚偽記載等のある有価証券報告書等の提出者等を発行者とする有価証券に対する取引所市場の評価の誤りを明らかにするに足りる基本的事実」をいうものとされた。「基本的事実」の意義は必ずしも明らかでないが，単に，何らかの虚偽記載があったというだけでは足りないであろうし，他方で，具体的な訂正金額がわかることまでは求められないものと考えられる。③（公表の方法）については，検察官が報道機関に事実を伝え，多数の者が当該事実を知りうる状態になればよいものとされた。

(3) 第三者委員会による調査との関係

いかなる事実が，上記(2)②の「基本的事実」に該当するかはケースバイケースであるが，特に，現在，有価証券報告書等に重大な虚偽記載が発覚した際のプラクティスとして一般化しつつある，第三者委員会（外部調査委員会）との関係では，「公表」をいつの時点とみるかが推定損害額に大きな差を生じる結果となりやすく，今後，具体的な事案の中で争われる点の1つになるものと思われる。

第三者委員会が設置される場合，必ずしも全容が解明されていない設置時に，設置についてのプレスリリースが行われるのが一般的なプラクティスであるが，その際に，株価が大幅に下落する一方，第三者委員会が全容について有価証券の発行会社に調査報告書を提出し，発行会社がこれを公表した段階では，すでに株価は十分に下がっており，それ以上，大幅には下がらないという現象がしばしばみられる。この場合，（事案にもよるが）第三者委員会設置時には「基本的事実」すら公表されておらず「公表」があったみるのは困難である一方，調査報告書公表時には株価の変動が小さく，公表日前後の株価を比較するという金商法21条の2第3項の推定損害の算定方法では，推定損害額が少額になってしまうことがある。

したがって，第三者委員会が設置された場合，いつの時点をもって「公表」があったとみるのかは1つの問題点といえよう。

2　損害賠償額の限度

　金商法21条の2に基づいて損害賠償請求を行う場合，発行会社の損害賠償額は，19条1項の定める額を限度とすることとされている（金商法21条の2第1項）。すなわち，請求権者が有価証券を保有している場合は，「〔請求権者が有価証券の取得について支払った額〕−〔損害賠償請求時の市場価額（市場価額がないときは，その時における処分推定価額）〕」が限度であり，処分していた場合は，「〔請求権者が有価証券の取得について支払った額〕−〔処分価額〕」が限度となると定められている。このように限度額が設けられた理由について，金融庁の立案担当者は，「本条は発行者の責任を無過失責任とすることから，一方で，あまりにも過酷な損害額が認められることのないよう，虚偽記載等を原因として類型的に生じる損害と考えられる証券価格の下落分の限度で賠償責任を規定する趣旨である」と述べている[9]。

3　賠償額の減額

　発行会社は，上述の推定損害額の全部または一部が，虚偽記載等によって生ずべき当該有価証券の値下り以外の事情により生じたことを証明したときは，責任の全部または一部については，賠償する必要がない（金商法21条の2第5項）。しかし，その額を証明することが極めて困難であるときは，裁判所は，口頭弁論の全趣旨および証拠調べの結果に基づき，賠償の責めに任じない損害の額として相当な額の認定をすることができる（金商法21条の2第6項）。
　この減額規定については，「虚偽記載等によって生ずべき当該有価証券の値下がり以外の事情」の意義が問題となった。
　ライブドア事件機関投資家訴訟東京地裁判決（東京地判平20・6・13判時2013

---

[9]　三井秀範編著・岡田大ほか著『課徴金制度と民事賠償責任　条解証券取引法』（金融財政事情研究会，2005年）156頁。もっとも，これは，21条の2の規定が無過失責任を定めた当時の説明であり，過失責任となった現行法の下では必ずしも妥当するものではない点に留意が必要である。

号27頁）は，ライブドア株は，東京地検の強制捜査，社長等の逮捕，東証社長による上場廃止の可能性の示唆など，21条の2第5項（現6項）の定める虚偽記載によって生ずべき値下り以外の事情によって大きく下げたのであるから，一切の事情を斟酌して，上記推定額から3割を減額すべきであるとした。第1審判決は，上記①(1)記載の立案担当者の考え方と同じく推定損害額は取得時差額を意味するものと考えて，取得時差額（＝取得時に発生し，その後の株価変動には影響を受けない）と無関係な虚偽記載公表後の株価下落部分を推定損害額から差し引いたものである。

　これに対し，東京高裁判決（東京高判平21・12・16金判1332号7頁）は，推定損害額には，取得時差額以外にも虚偽記載との間に相当因果関係がある損害が含まれると判示し，地検の強制捜査など一連の事情は，本件のような大規模粉飾決算には通常起こりうる事態であるから，減額すべき事情に当たらないとした。他方，株価の値下りに影響した新聞報道の中には，有価証券報告書の虚偽記載に関するもの以外のものがあったことから，その部分は，「虚偽記載によって生ずべき有価証券の値下り以外の事情」と認めるのが相当であるが，これによってどの程度の損害が生じたかは，これを認定する的確な証拠がなく，結局，金商法21条の2第5項（現6項）によって，推定額から1割を減じた。

　ライブドア事件機関投資家訴訟最高裁判決の法廷意見（多数意見）は次のように述べている。

　「有価証券報告書等の虚偽記載等によって損害を被った投資者は，民法709条など一般不法行為の規定に基づき損害賠償を請求することが可能であるところ，金商法21条の2は，上記投資者の保護の見地から，一般不法行為の規定の特則として，その立証責任を緩和した規定であると解される。そして，同条1項においては，投資者が請求することのできる額については，同法19条1項の規定の例により算出した額……が上限とされているほかは，何ら限定されていないことからすれば，同法21条の2第1項にいう「損害」とは，一般不法行為の規定に基づきその賠償を請求することができる損害と同様に，虚偽記載等と相当因果関係のある損害を全て含むものと解されるところ，同条2項（注，現3項）は，同条1項を前提として，虚偽記載等により生じた損害の額を推定する規定であるから，同条2項にいう「損害」もまた虚偽記載等と相当因果関係のある

損害を全て含むと解するのが相当であって，これを取得時差額に限定すべき理由はない。」

　その上で，強制捜査，代表取締役の解任，上場廃止，売り注文の殺到，市場の混乱等（およびこれらに関する新聞報道）は，すべて虚偽記載に起因して予想されることであるから，それによる値下りは，本件虚偽表示と相当因果関係にある一方，完全子会社化したマネーライフ社について，完全子会社化時に虚偽の適時開示をしていたことをめぐる新聞報道による値下り分は有価証券報告書等の虚偽記載と関係がないので，これについて1割を減じた原審の判断を是認した。

　なお，会社の信用が失われたことによる株価の下落や，上場廃止という流動性の欠如を理由とする株価下落は，有価証券報告書等に虚偽記載が行われた後に株主となった者に限らず，すべての株主が株主たる地位に基づき被る損害である。この点について，学説では，株主がその地位に基づき被る損害について，株主が，会社法350条，民法709条（715条）に基づいて，会社の責任追及を認めるべきではないとの見解も述べられている。このような請求を認めても，会社から株主への利益移転が生じるにすぎないことがその理由である。たとえば，株主が会社から損害賠償を受けた場合，会社の財産が減少し，会社の持分を持つ株主の利益も減少する（株主全員が賠償請求をした場合に顕著である）。また，一部の株主の請求だけを認めると，他の株主からその株主への利益移転が生じることになる。また，これにより会社の財産が減少することは，会社債権者の利益を害するとも言われている。以上のことなどを理由に，有力説は，投資者の損害は高値取得損害に限るべきであるとして，その後の株価下落分まで賠償範囲に含めることに反対していた[10]。前述のライブドア事件機関投資家訴訟最高裁判決においては，岡部喜代子裁判官がこの有力説の立場に立って「株主が株主であることによって被るこのような損害の賠償を会社に求めることはできない」と論じたが（同事件における岡部裁判官の反対意見参照），上述のとおり，法廷意見はこうした立場をとらなかった。

10　田中亘「判批」ジュリスト1405号184頁，加藤貴仁「流通市場における不実開示と投資家の損害」新世代法政策学研究11巻344頁，白井正和「判批（下）」商事法務1972号19頁など。

4　弁護士費用等の請求

　金商法21条の2第3項に基づいて推定損害額の賠償を請求する場合，推定損害額とは別に，訴訟に要した弁護士費用等を請求することができるかは問題である。

　この点について，裁判例としては，①金商法21条の2第1項および3項の「損害」が，一般不法行為の規定に基づきその賠償を請求することができる損害と同様に，虚偽記載と相当因果関係のある損害をすべて含むものと解されることを前提に，3項の推定損害額には弁護士費用も含まれているので，推定損害額に，別途，弁護士費用を加算することはできない旨を判示するもの（IHI事件東京地裁判決・東京地判平26・11・27），②同法19条1項が推定損害額の上限を画していることとの関係で，当該事案において原告に生じた損害のうち弁護士費用については，同法19条1項の限度額を超えて損害賠償請求することはできないと判示するもの（ライブドア事件機関投資家訴訟東京高裁判決・東京高判平21・12・16金判1332号7頁等）が存在する。

　弁護士費用等まで請求する場合には，相当因果関係のある損害額が21条の2第3項の推定損害額または19条1項の限度額を超えていることを主張立証したうえで，金商法21条の2第1項や民法709条等に基づき損害賠償請求をすることになろう。

第4節

発行開示の場合の特則
（金商法18条）

1 概　説

　公募増資，第三者割当増資等の際に行われる発行開示について，発行会社が，有価証券届出書または目論見書において重要な事項について虚偽記載を行ったことにつき，金商法18条1項に基づき責任追及を行う場合，原告である投資家は虚偽記載と自己の損害との因果関係を立証する必要はない（金商法21条1項と比較）。

　投資家が実際に有価証券届出書や目論見書を見て，その内容を信頼したか否かは問わない。ただし，当該有価証券を取得した者がその取得の申込みの際に記載が虚偽であることを知っていたときは，発行会社は損害賠償責任を負わない（金商法18条1項ただし書）。この場合，投資家は虚偽記載を知りながら敢えてその有価証券を取得しているのであり，損害と虚偽記載との間に因果関係が認められないためである。この点の立証責任は発行会社の側にある。

　また，金商法19条1項は，損害賠償額を法定している。この規定により，発行会社は，損害額の全部または一部が，虚偽記載によって生じるべき有価証券の値下り以外の事情により生じたことを立証しない限り，発行会社は法定損害額を賠償しなければならない（金商法19条2項）。

2 法定損害額

　法定損害額は，請求権者が有価証券の取得について支払った額から，（i）請求時に有価証券を保有している場合には，請求時における市場価額（市場価額が

ない時には，その時における処分推定価額）を控除した額，(ii)請求時前に有価証券を処分した場合には，当該処分価額を控除した額，とされている（金商法19条１項）。

　金商法19条は，18条の損害賠償責任に原状回復的な機能を付与していると説明されている[11]。算定方法が類似していることからもわかるとおり，不法行為責任に基づき損害賠償を行う場合の取得自体損害と同様の発想に基づく規定と考えられる。

　取得自体損害の場合と異なるのは，差し引く金額が（口頭弁論終結時の市場価額ではなく）「損害賠償を請求する時」における市場価額に固定される点である。なお，「損害賠償を請求する時」とは，訴訟を提起するだけではなく，裁判外で損害賠償を請求する場合も含まれる[12]。

　請求時に損害額が確定する結果，損害賠償請求後の市場価額の変動は，発行会社の損害賠償額に影響を与えないことになる。すなわち，請求後に株価がさらに下落したとしても，その下落が別の不法行為によるものであるとして独立の損害賠償請求の対象とならない限り，もはや発行会社に請求することはできないこととなる。したがって，いつ損害賠償請求がなされたかによって損害賠償請求額は大きく変動する可能性があることに注意する必要がある。なお，同様の理は，株価が上昇し損害が減少した場合にも妥当するが，この場合に，別途，発行会社が損益相殺などを主張することにより損害の減少を主張する余地がないかについては必ずしも結論が明らかでない。

　流通市場の虚偽記載に関する金商法21条の２第３項と異なり，同法18条に基づき無過失責任を前提に損害賠償を請求する場合には，（同条は「推定」規定ではないため）この法定損害額と異なる損害を主張することはできないことになる。

11　加藤貴仁「第19条」岸田雅雄『注釈金融商品取引法　第１巻　定義・情報開示』（金融財政事情研究会，2011年）255頁。
12　加藤貴仁「第19条」岸田雅雄『注釈金融商品取引法　第１巻　定義・情報開示』（金融財政事情研究会，2011年）255頁。

3 賠償額の減額

前記①のとおり，発行会社は，損害額の全部または一部が，虚偽記載によって生じるべき有価証券の値下り以外の事情により生じたことを立証した場合には，その部分に関しては損害賠償額を減額することができる（金商法19条2項）。

金商法21条の2第5項と同様に，「虚偽記載によって生じるべき有価証券の値下り以外の事情」の意義については学説上，見解が分かれている。

この点について，従来，相場全体の変動や虚偽記載などとは関係のない発行者の状況の変動に基づいて当該有価証券の市場価額が下落したことによる損害の額は，「虚偽記載によって生じるべき有価証券の値下り以外の事情」に含まれないとする見解が有力であった[13]。

この見解は，本条の趣旨が原状回復にあることから，そもそも虚偽記載がなかったら投資家は有価証券を取得しなかったはずであり，したがって取得者はそのような相場全体の変動などによるリスクをも負うことはなかったはずであることを根拠とする。

もっとも，同じく虚偽記載がなかったら投資家が有価証券を取得することはなかったことを前提とする取得自体損害の考え方について，西武鉄道事件個人投資家訴訟最高裁判決が，「経済情勢，市場動向，当該会社の業績」による下落を虚偽記載に起因しない下落と位置付けたことを踏まえると，現時点では，上記見解とは異なり，相場全体の変動や虚偽記載などとは関係のない発行者の状況の変動に基づいて当該有価証券の市場価額が下落したことによる損害の額は，「虚偽記載によって生じるべき有価証券の値下り以外の事情」に該当すると解することも十分可能なように思われる。

この他，「虚偽記載によって生じるべき有価証券の値下り以外の事情」として争いなく認められている例としては，投資家が損害賠償請求前に有価証券を処分している場合に，その処分価額が処分時の当該有価証券の市場価額を下

---

13 加藤貴仁「第19条」岸田雅雄『注釈金融商品取引法 第1巻 定義・情報開示』（金融財政事情研究会，2011年）255頁。山下友信＝神田秀樹編『金融商品取引法概説』（有斐閣，2010年）189頁。

回っていた時の差額分が挙げられている[14]。

4 弁護士費用等の請求

　金商法18条に基づいて損害賠償を請求する場合，同法19条1項の法定損害額とは別に，訴訟に要した弁護士費用等を請求することができるかは，流通開示の場合と同様，問題である。ここでも，金商法18条に基づく損害賠償責任が無過失責任とされていることから，同法19条1項が損害を法定し，過酷な損害額が認められないように賠償限度額の上限を画していると考える場合には，別途，弁護士費用等を請求することができないと考えることには相応の合理性があるものと思われる。

14　神崎克郎＝志谷匡史＝川口恭弘『金融商品取引法』（青林書院，2012年）551頁。

第 **4** 章

証券訴訟の
主張立証の実務

　本章では，虚偽記載に係る損害賠償請求訴訟において，流通市場での取得者に対する責任類型を中心に，実務上一般的に，どのような主張立証がされているかについて，当事者の主張立証に対して裁判所がどのように判断しているかも踏まえながら説明する。
　本章は，虚偽記載に係る損害賠償請求訴訟において，第2章および第3章における理論的な理解を前提として，実際にどのような主張立証がなされているかを要件ごとに分析し，当事者の主張立証のあり方を整理したものである。個々の訴訟において，実際にどのような主張がなされ，その主張を裏付ける証拠としてどのような証拠が提出され，それに対して裁判所がどのような判断を示しているかについては，第5章をご参照いただきたい。

第4章 証券訴訟の主張立証の実務

第1節

証券訴訟における要件事実の概要

　前記第1章第1節①のとおり，虚偽記載に係る損害賠償請求がされる場合には，虚偽記載を行った会社に対しては，不法行為責任に基づく損害賠償請求，金商法に基づく損害賠償請求，または会社法350条に基づく損害賠償請求（あるいはこれらの組み合わせ）がされ，役員等に対しては，不法行為責任に基づく損害賠償請求，金商法に基づく損害賠償請求，または会社法429条に基づく損害賠償請求（あるいはこれらの組み合わせ）がされることが一般的である。原告としては，債権の回収可能性や立証の難易，訴訟の社会的影響等を考慮して，提訴する相手方を決定することになる[1]。

　各請求の得失については，第1章第1節①記載のとおりであるが，いずれの請求に基づくものにせよ，原告としては，少なくとも，①虚偽記載の存在と，②（虚偽記載と相当因果関係のある[2]）損害額を主張立証する必要があり，被告としてはこれを争うことになる。役員等の責任が追及されている場合には，役員等の側が虚偽記載を知らずかつ相当の注意を用いたにもかかわらず知ることができなかったことを主張立証することとなる。

　以下，虚偽記載の有無（第2節），損害額（第3節），「相当の注意」を用いた

---

[1] ライブドア事件機関投資家訴訟において，原告は，被告の特定，根拠法令，主張立証事項を限定したことで，金商法21条の2の施行直後であり，かつ，かなりの大事件であったにもかかわらず，かかる戦略が功を奏し，最初の訴訟提起から1年半後に第1審の判決を得ることができたとのことである（門口正人ほか「企業訴訟における訴訟活動（1）」NBL1077号4頁）。

[2] 因果関係や損害額については，前記第3章冒頭のとおり，金商法に基づく請求がされる場合には，因果関係や損害額が推定され，被告側において原告側の主張する損害が虚偽記載と相当因果関係のない損害であることを主張立証する必要が生じる場合がある。

か否か（**第4節**）のそれぞれについて，訴訟当事者による一般的な主張の枠組みおよび立証のあり方について，裁判所の判断も踏まえながら説明する。以下では，損害賠償請求を行う投資家を「原告」，損害賠償請求を争う発行会社を「被告会社」，役員等を「被告役員等」といい，被告会社と被告役員等を総称して「被告ら」と表記する。

　なお，前記**第2章第1節2**のとおり，平成26年改正において，金商法21条の2第2項に「前項において，賠償の責めに任ずべき者は，当該書類の虚偽記載等について故意又は過失がなかつたことを証明したときは，同項に規定する賠償の責めに任じない。」と規定された。これにより，流通市場における発行会社の損害賠償責任が無過失責任から過失責任に変更されるとともに，発行会社に無過失の立証責任が課された。

　発行会社がいかなる場合に「当該書類の虚偽記載等について故意又は過失がなかつたことを証明した」といえるかについては今後の実務の集積を待つほかないが，発行会社としては，仮に発行会社の従業員に故意があったり，連結子会社の役員・従業員に故意・過失があったとしても，①発行会社の役員に故意がなく，②発行会社の役員には虚偽記載の発生を予見すべきであったという特別な事情が存せず，かつ，③虚偽記載を防止するためのリスク管理体制の構築・運用義務違反もないという状況であれば，無過失の立証責任は果たされたと解して良いとする見解[3]等に依拠して，かかる主張をするとともに，①発行会社の役員に故意がなかったことや，虚偽記載に関連する事実の認識について述べる陳述書，②発行会社の役員の職務分掌を示す社内規程，取締役会議事録等，③リスク管理体制の構築・運用が適切になされていたことを示す内部監査結果の報告書等を証拠として提出することが考えられる。

3　公益財団法人日本証券経済研究所　金融商品取引法研究会「証券訴訟を巡る近時の諸問題―流通市場において不実開示を行った提出会社の責任を中心に―」金融商品取引法研究会研究記録53号10頁～11頁。

第2節

虚偽記載の有無

1　原告による主張立証のあり方

(1)　虚偽記載に係る損害賠償請求の請求原因事実

　前記第2章第2節2のとおり，原告としては，虚偽記載があることを主張するためには，虚偽記載が問題となる決算期における「一般に公正妥当と認められる企業会計の基準」（「公正な会計慣行」）に基づき，当該会計処理が許容される余地がないことを明らかにする必要があり，少なくとも以下の事項について主張立証する必要がある。

(i)　虚偽記載があると主張する取引について，当該決算期に適用される「一般に公正妥当と認められる企業会計の基準」（「公正な会計慣行」）

(ii)　虚偽記載があると主張する取引についての個別の具体的事実関係

(iii)　(ii)を(i)の基準に正しくあてはめた場合の適正な会計処理

(iv)　実際に行われた会計処理と(iii)の会計処理との間に差異が生じていること

　また，上記の虚偽記載は，「重要な事項」に関するものである必要があり，原告としては，虚偽記載が重要な事項，すなわち，投資家の投資判断に影響を与えるような基本的事項，その事項について真実の記載がなされれば投資家の投資判断が変わるような事項に関するものであることを主張立証する必要があるが，実務的には，原告が虚偽記載の存在と別個独立して重要性について主張立証することは少なく，虚偽記載の存在に係る主張立証に包含されているのが通常である。前記第2章第2節3のとおり，実務的には，「重要な事項」の判断は，金額的重要性，質的重要性等を考慮して判断される。

原告としては，上記の虚偽記載の存在，すなわち，被告会社による会計処理が，当該決算期における公正な会計慣行に基づき許容される余地がないことを主張立証する必要があり，上記の(i)から(iv)に該当する具体的な事実を主張立証しなければならないのが原則であるが，同主張を直接裏付ける証拠（会計基準の解釈や個別の具体的事実関係へのあてはめ等に関する専門家の意見書等）を訴訟の初期の段階において提出するのは容易でないことも多い。そこで，実際には，訴訟の初期の段階においては，公表されている資料を中心に証拠として提出し，被告会社が虚偽記載の存在を前提とする行動をとっていること（後記②）や，第三者により虚偽記載の存在が認定されていること（後記③）を主張することが多い。そして，被告の反論等により，虚偽記載の有無が主たる争点として顕在化した段階で，会計基準の解釈に関する文献，専門家の意見書等を証拠として提出するなどして，被告会社の会計処理が誤りであること（後記④）を主張することとなる。

　そこで，以下，上記のような実務上一般的になされる主張立証の流れに沿って，原告による虚偽記載に関する主張立証が実務上どのようになされているかについて説明する。

(2) 原告による主張のあり方
①　被告会社が虚偽記載の存在を前提とする行動をとっていること

　原告は，虚偽記載の存在を推認させる事実として，被告会社が虚偽記載の存在を前提とする行動をとっている事実を主張することがある。

　具体的には，被告会社が過年度決算の訂正を行っていること，証券取引所に虚偽記載の存在を前提とする改善報告書を提出していること，SESCの検査・調査や金融庁における課徴金審判手続において，被告会社が虚偽記載の存在を争わず認めていることなどを主張することがある。

　また，虚偽記載が発覚した場合には，社内調査委員会や社外調査委員会が設置され，虚偽記載の原因についての調査や再発防止策の提言等がなされ，その調査結果等が公表されることも多い。そこで，社内調査委員会または社外調査委員会において虚偽記載の事実が認定され，被告会社が調査内容を受け入れていることなどを主張することもある。

上記各事実は，原告が虚偽記載に係る損害賠償請求訴訟を提起する以前に公表されていることも多く，原告としても，上記各事実に関する証拠は比較的入手が容易なため，訴訟の初期段階にこのような主張をすることが多い。

② 第三者により虚偽記載の存在が認定されていること

原告は，虚偽記載の存在を推認させる事実として，原告および被告以外の第三者により，虚偽記載の存在が認定されている事実を主張することがある。

具体的には，前記第1章第1節のとおり，虚偽記載が発覚した場合には，虚偽記載に係る損害賠償請求訴訟に先行して，虚偽記載に係る刑事責任を追及する手続や課徴金納付命令に係る審判手続等が行われていることがあり，これらの手続の中で，裁判所，SESC，金融庁等より，虚偽記載の存在が認定されていることを主張することがある。また，上記①のとおり，虚偽記載に関し社外調査委員会が設置され，会社から独立した第三者が虚偽記載の存在を認定していることを主張することもある。

上記各事実は，原告が虚偽記載に係る損害賠償請求訴訟を提起する以前に公表されていることが多く，また，公表されていないとしても，上記各事実に関する証拠は，閲覧謄写制度や文書提出命令等の諸制度を利用することで，比較的容易に入手可能なため，訴訟の初期段階から中盤にこのような主張をすることが多い。

③ 被告会社による会計処理が，当該決算期における公正な会計慣行に基づき許容される余地がないこと

さらに，原告としては，間接事実による推認によるのではなく，被告会社による会計処理が，当該決算期における公正な会計慣行に基づき，当該会計処理が許容される余地がないことを直接主張することも考えられる。

具体的には，(i)虚偽記載があると主張する取引について，当該決算期に適用される「一般に公正妥当と認められる企業会計の基準」(「公正な会計慣行」)，(ii)虚偽記載があると主張する取引についての個別の具体的事実関係，(iii)(ii)を(i)の基準に正しくあてはめた場合の適正な会計処理，(iv)実際に行われた会計処理と(iii)の会計処理との間に差異が生じていることを主張する必要がある。

(3) 原告による立証のあり方

① 被告会社が虚偽記載の存在を前提とする行動をとっていること（過年度決算の訂正に係るプレスリリース・訂正報告書，証券取引所に提出した改善報告書，調査委員会作成に係る調査報告書等）

　原告は，被告会社が虚偽記載の存在を前提に過年度決算の訂正を行っていること，虚偽記載の存在を前提に証券取引所に改善報告書を提出していること，課徴金審判手続において，被告会社が審判事実を争わず，これを認めていることなどを裏付ける証拠として，過年度の決算訂正に係るプレスリリース・有価証券報告書等の訂正報告書，証券取引所に提出した改善報告書等を提出することがある。

　また，課徴金審判手続において被告会社が提出した答弁書についても，事件記録の閲覧謄写によりこれを入手し[4]，当該答弁書を提出することがある（なお，後記のとおり，課徴金納付命令に係るSESCの勧告書や課徴金納付命令の決定要旨等は公表されており，当該資料は，事件記録の閲覧・謄写によらずに入手できるため，SESC等の第三者が虚偽記載の存在を認定している事実の証拠として，提出されることが多い）。

　さらに，社内調査委員会または社外調査委員会において，虚偽記載の事実が認定されていることや，また，被告会社としても調査内容を受け入れていることを裏付ける証拠として，上記の調査委員会の調査報告書，調査報告書の公表に関するプレスリリース等を提出することもある。

　近時は，虚偽記載が発覚した場合には，発行会社から独立した第三者からなる社外調査委員会が設置されることが通常であり，当該調査委員会の調査報告書等については，個人情報や他社情報等を匿名化した上で，公表することが一

4　利害関係人（課徴金納付命令の原因となった事件の被害者は利害関係人に含まれるとされる〔三井秀範編著『課徴金制度と民事賠償責任　条解証券取引法』（金融財政事情研究会，2005年）141頁〕）は，内閣総理大臣（内閣総理大臣の権限は金商法194条の7により金融庁長官に委任されている）に対し，審判手続開始の決定後，事件記録の閲覧または謄写等を求めることができ，内閣総理大臣は，第三者の利益を害するおそれがあるときその他正当な理由があるときでなければこれを拒むことができない（金商法185条の13）。

般的である。

　しかし，事案によっては，社内調査委員会のみが設置され，社内に対してのみ報告がされ，報告書等が外部に公表されないケースや，概要版・要約版しか公表されないケースもある。

　そのような場合には，ビックカメラ事件株主代表訴訟のように，原告が，文書提出命令等により調査報告書の完全版の提出を求めることもある。

　② 第三者により虚偽記載の存在が認定されていること（虚偽記載に係る刑事事件に関する資料，課徴金審判事件に関する資料等）

　原告が，裁判所，金融庁その他の第三者により虚偽記載の存在が認定されていることを裏付ける証拠として，虚偽記載に係る刑事事件に関する資料，課徴金審判事件に関する資料等を提出することがある。以下，それぞれについて簡単に説明する。

　(a) 刑事事件に関する資料

　虚偽記載が発覚した場合で，重大な事案などにおいては，刑事事件に係る手続が先行している場合もある。そのような場合には，虚偽記載の存在を認定している刑事事件判決を原告が証拠として提出する場合がある。また，虚偽記載の具体的な態様（いつの時点から，どのように虚偽記載がなされていたのか等）を立証するために，虚偽記載がなされた当時の代表者や虚偽記載に関与した取締役の供述調書を提出することもある。

　(b) 課徴金審判事件に関する資料

　虚偽記載が発覚した場合には，金融庁による課徴金納付命令の対象となる場合がある。課徴金納付命令が行われる過程では，まず，SESCが検査を踏まえた勧告を行い，金融庁長官が審判手続開始決定を行い，審判手続を行った上で，審判官が課徴金納付命令決定案を作成して金融庁長官に提出し，金融庁長官が，当該決定案に基づき課徴金納付命令の決定を行うという流れが一般的である（第1章第1節③）。審判手続において，審判期日前に，被審人が違反事実および課徴金の額を認める旨の答弁書を提出した場合には，審判期日が開かれず，審判手続開始決定どおりの課徴金納付命令が発出されることとなる（金商法183条）。

　原告が，虚偽記載に係る損害賠償請求訴訟において，SESCや金融庁が虚偽

記載が存在するものと認定していることを裏付ける証拠として，上記の手続の過程において作成されるSESCの勧告文，SESCの検査報告書，金融庁の課徴金納付命令決定書等を提出することもある。

　③　被告会社による会計処理が，当該決算期における公正な会計慣行に基づき許容される余地がないこと（会計基準の解釈に係る文献・会計の専門家の意見書等）

　原告としては，当該決算期における公正な会計慣行に基づき，当該会計処理が許容される余地がないこと（上記(1)(i)～(iv)に該当する事実）を直接立証することも考えられる。もっとも，上記の主張は，会計に関する専門的な判断を伴うものであるから，直接立証する証拠としては，会計基準の解釈等に関する文献や，会計の専門家等の意見書を提出することになる。

　他にも，原告が，虚偽記載があると主張する取引についての個別の具体的事実関係（上記(1)③(ii)）を裏付ける証拠として，契約書や検収書等会計処理の前提となる取引に関する資料を提出することもある。

　ビックカメラ事件株主代表訴訟においては，被告会社の会計処理が許容される余地がないことを裏付ける証拠として，原告より公認会計士の意見書が提出されている。

　また，足利銀行事件においては，被告の会計処理の前提となる取引に関する個別の具体的事実関係（上記(1)③(ii)）を裏付ける証拠として，被告による貸倒引当金の計上や繰延税金資産の計上の根拠となる被告保有の資料を原告が文書提出命令により入手し，証拠として提出している。

2　被告らによる主張立証のあり方

(1)　被告らによる主張のあり方

　①　被告会社の会計処理は「公正な会計慣行」に従った適正な会計処理であること（少なくとも「公正な会計慣行」に照らし許容される会計処理であること）

　原告が，被告会社の会計処理が，具体的な会計基準に照らして許容されない会計処理であると主張している場合には，被告らとしては，(i)原告の主張する

会計基準は唯一の「公正な会計慣行」でなく，会社の会計処理も許容される余地があること，(ii)原告の主張する会計基準を前提としても，会社の会計処理も許容される余地があることを主張することが考えられる。

まず，(i)として，原告が虚偽記載に係る主張の前提としている会計基準が，当該会計処理時点において，唯一の公正な会計慣行でなく，したがって，被告会社が依拠した会計基準に基づく処理は適法なものであったと主張することが考えられる。

具体的には，原告が主張する会計基準が，一般的に広く公正な会計上のならわしとして相当の期間繰り返して行われ定着している，企業会計の処理に関する具体的な基準あるいは処理方法といえるものではないことを主張することが考えられる。

足利銀行事件においては，原告の主張する会計基準が，当該会計処理時点において，唯一の公正な会計慣行であるとはいえなかったことが被告らより主張され，かかる主張が裁判所において認められている。

また，(ii)として，問題となっている会計基準自体に解釈の幅があり得る場合，被告会社の会計処理も，会計基準に照らして許容されうることを主張することが考えられる。被告会社の監査法人も当該会計処理を認めていたことなどを主張することが考えられる。さらに，虚偽記載があると主張する取引についての個別の具体的事実関係を争うことも考えられる。たとえば，工事進行基準適用案件における会計処理の適切性が問題となっている事案においては，コストダウン施策の適切性等工事総原価の見積りの適切性に係る事実を主張することも考えられる。

ビックカメラ株主代表訴訟においては，被告会社による会計処理も会計基準に照らして許容されうるものであったことが被告役員等より主張され，かかる主張が裁判所に認められている。

なお，前記①のとおり，本来虚偽記載の存在については原告に主張立証責任があるが，原告が前記①(1)①に記載したような具体的な主張立証を行っていない場合でも，②，③の主張立証により虚偽記載が推認される可能性がある場合には，実務上被告らから被告会社の会計処理が「公正な会計慣行」に従った適正な会計処理であること（少なくとも「公正な会計慣行」に照らし，許容され

る会計処理であること）を主張立証する必要がある。

② 虚偽記載発覚後の被告会社の行為は，虚偽記載の存在を前提とするものではないこと

原告による，被告会社が虚偽記載の存在を前提とする行動をとっていること等の主張に対し，被告らとしては，被告会社による会計処理も許容される余地があることを前提に，決算訂正等の行動は，経営上の判断として行ったものであり，虚偽記載の存在を前提とするものではないこと等を主張することが考えられる。

実際にも，被告が課徴金審判手続において，違反事実を認める旨の答弁書を提出し，決算訂正等のプレスリリースを開示している事案において，「決算訂正をめぐる問題を収束させるために経営上の判断として行われたものである」，「会計基準等が保守的に適用されたと評価することができる」などとして，裁判所において，虚偽記載の存在が否定されているケースもある（三洋電機事件違法配当代表訴訟（42頁，223頁），ビックカメラ事件株主代表訴訟（202頁）等）。

③ 問題となっている虚偽記載は，重要な事項に係るものではないこと

虚偽記載は，「重要な事項」に該当するものである必要があり，被告らとしては，仮に虚偽記載があったとしても，当該違反は「重要な事項」ではないことを主張することも考えられる。

具体的には，金商法の内部者取引規制等の基準や，投資家を含む世間一般の反応などから，当該事項が重要なものとしてとらえられておらず，原告の投資判断に影響を与えるようなものでないことを主張することが考えられる。また，非財務情報に係る記載については，問題となっている有価証券報告書等の記載に関し，他社事例においても，被告が行ったのと同様の開示がされていることを主張することなども考えられる。

ただし，虚偽記載の存在を認めながら，当該虚偽記載が重要なものでないとして，被告の責任を否定した裁判例は，本書執筆時点では見受けられない。

(2) 被告らによる立証のあり方
　① 被告会社の会計処理は「公正な会計慣行」に従った適正な会計処理であること（会計処理の妥当性・合理性を裏付ける資料，会計基準の解釈に係る文献・会計専門家の意見書等）

　被告会社の会計処理が「公正な会計慣行」に従った適正な処理であることを立証するため，被告らは被告会社の会計処理の妥当性・合理性を裏付ける資料を証拠として提出することが考えられる。たとえば，売上計上の期間帰属が問題になっているような場合には，契約書・注文書・納品書・検収書等の売上計上の根拠となる書類を証拠として提出することが考えられる。また，貸倒引当金等の妥当性が問題となっている場合には，取引先の業況等に関する書類を証拠として提出することが考えられる。

　また，被告会社の会計処理が「公正な会計慣行」に従って適正な処理であること，すなわち，原告の主張する会計基準は唯一の「公正な会計慣行」でなく，被告会社の会計処理も許容される余地があること，原告の主張する会計基準を前提としても，被告の会計処理も許容される余地があること等の主張は，会計に関する専門的な内容を含むものであり，上記の事実を裏付ける証拠としては，原告同様，会計基準の解釈に係る文献や，被告らの主張を裏付ける内容を述べる会計専門家の意見書等を提出することになる。

　足利銀行事件においては，原告の主張する会計基準が，当該会計処理時点において，唯一の公正な会計慣行であるとは言えなかったことが主張され，同主張に沿う会計専門家の意見書が提出されている。

　また，被告が問題となっている会計処理を実行する際に，事前に監査法人や専門家の意見を確認しているような場合には，確認したことを示す資料を証拠として提出することも考えられる。

　ビックカメラ事件株主代表訴訟においては，被告による会計処理が適法であることを述べた会計専門家の意見書や，取引実行時に専門家へ会計処理の適法性について確認し問題がない旨回答を受けた際のメール等が証拠として提出されている。

② 被告会社の行為は，虚偽記載の存在を前提とするものではないこと（決算訂正等の行為が経営上の判断としてなされたものであることを示す役員の陳述書・取締役会議事録等，当該判断時において決算訂正等を行わざるを得ない環境にあったことを示す新聞報道等）

　決算訂正等の行為が経営上の判断としてされたものであることを示す役員の陳述書等を証拠として提出し，同人の取調べを行うことも考えられる。

　決算訂正等を行う時点で，決算訂正等を決議した取締役会議事録や経営会議議事録等において，虚偽記載の存在を肯定するものではなく経営上の判断として行うものである旨の記載をしているケースは多くはないと考えられるが，取締役会議事録や経営会議議事録等にそのような記載がなくても，会社の内部資料や稟議書等において，たとえば，必ずしも虚偽記載を肯定するものではないが，経営環境等を踏まえて，決算訂正等を行うべきである旨の検討がされていれば，当該内部資料等を証拠として提出することが考えられる。

　上記のような記載がされた内部資料等がない場合であっても，会計処理の適否にかかわらず，決算訂正等を行わざるを得ない経営環境にあったことを示す新聞報道等を証拠として提出することが考えられる。

　ビックカメラ事件株主代表訴訟においては，課徴金を納付する旨の判断に関するものであるが，取締役会議事録および経営会議議事録を引用して，「本件審判事実及び本件課徴金の額を認めるかの審議を行い，議場に諮ったところ，(i)本件は，本件会社が自主的とはいえ決算を訂正している有価証券報告書等の記載に係るものであること，(ii)既に決算訂正も完了し，東京証券取引所からも審査の結果，上場廃止基準に該当しないと判断した旨の通知を受領して，監理銘柄の指定が解除されており，現在は再発防止策を実行中であること等を勘案すると，論理的には争う余地があるとしても，現時点での経営判断としては，決算訂正の問題に早期に終止符を打って信頼回復に努めることが望ましく，結果として株主を始めとする全てのステークホルダーの利益になるとの認識で一致し，本件審判事実及び本件課徴金の額を認める旨の答弁書を提出することにつき，取締役の全員一致で承認可決された」旨の事実が認定されている。

③ 虚偽記載に係る事項について，社会的に重要なものとは考えられていなかったこと（金商法の内部者取引規制等の基準に関する資料，新聞報道等，他社事例）

虚偽記載に係る事項が重要なものでなかったことを示す証拠としては，金商法の内部者取引規制等の基準に関する資料，虚偽記載に係る事実が公表された際に，それと同時に明らかになった他の事実が中心に取り上げられており，虚偽記載に係る事項は，投資家を含む世間一般に重要なものとしてとらえられていなかったこと示す新聞報道等，被告と同様の開示を行っている他社の有価証券報告書等を証拠として提出することが考えられる。

第3節

虚偽記載により生じた損害

　虚偽記載に係る損害賠償請求が認められるためには，虚偽記載と相当因果関係のある損害の存在およびその金額を主張立証する必要がある。

　原告としては，自己の損害の存在を主張立証するため，少なくとも，虚偽記載に係る株式を虚偽記載の事実の公表前に取得したことを主張する必要がある。そして，同主張を裏付ける証拠として，虚偽記載に係る事実の公表前に，原告が虚偽記載に係る株式を取得していることおよびその取得価額を示す取引履歴等の資料を提出するのが通常である。

　そして，原告は，損害として，取得自体損害，取得時差額損害，金商法の推定規定に基づく損害を主張立証することとなる。

　取得自体損害が認められる事案の場合には，「取得価額－処分価額」が損害の基礎となるため，原告が同損害の額を主張立証した場合には，その中に虚偽記載に起因しない市場価額の下落分が存在することについては，被告が積極的に反論しなければならない（積極否認）。これに対し，取得時差額損害が認められる場合には，取得時差額に加え，取得時差額を超える損害について相当因果関係が認められるものが存在することについては原告が積極的に主張立証する必要がある。

　実際の訴訟においては，原告は，主位的に取得自体損害を主張し，予備的に取得時差額損害を主張することが多い。

　そこで，以下，1において原告が取得自体損害を主張する場合の訴訟当事者の主張立証のあり方について，2において取得時差額損害を主張する場合の訴訟当事者の主張立証のあり方について，3において金商法の推定規定に基づく損害を主張する場合の訴訟当事者の主張立証のあり方について，それぞれ説明する。

1 原告が取得自体損害を主張する場合

(1) 原告による主張のあり方

　原告が取得自体損害を主張する場合、虚偽記載がなければ株式を取得することがなかったこと、および、損害額（|取得価額－処分価額（または、事実審口頭弁論終結時評価額)|）を主張する場合がある。虚偽記載がなければ株式を取得することがなかったといえる場合として、①虚偽記載の内容または原告の投資傾向・取得の経緯等から、虚偽記載がなければ取得していないことを主張することが一般的であり、または、②虚偽記載がなければ当該株式は上場されていなかったことを主張することもある。

　①　虚偽記載の内容または原告の投資傾向・取得の経緯等から、虚偽記載がなければ取得していないこと

　問題となっている虚偽記載の内容や、原告の投資傾向・取得の経緯等からして、当該虚偽記載がなければ、原告は当該株式を取得していなかったと主張することが一般的である。

　たとえば、虚偽記載がなければ大幅な赤字が発生しているような場合、赤字会社であることがわかっていたら株は取得しなかったなどと主張することが多い。

　また、原告の投資傾向からすれば、原告が虚偽記載がされていた株式を取得することはなかったと主張することもある。特に、機関投資家の場合、運用基本方針や運用ガイドラインの形で、投資対象とする有価証券を相当程度明確に定めて運用することが多いことから、当該方針等に基づけば、赤字会社の株式は取得していなかった等の主張を行うことがある。

　②　虚偽記載がなければ上場されていないこと

　虚偽記載がなければ上場廃止基準に抵触していたおそれがあるような事案においては、虚偽記載がなければ当該株式は上場されておらず、原告は上場されていない当該株式を取得することはなかったと主張することもある。

　具体的には、たとえば、虚偽記載がなければ債務超過となっていたような事案において、債務超過に係る上場廃止基準（有価証券上場規程601条5号[5]）に基

づき，原告が株式を取得する前に上場廃止となっていたことを主張することがある。

上場廃止とするか否かについて証券取引所の裁量の余地がある基準に基づいて上記主張をする場合には，当該基準に抵触したことをもってただちに上場廃止となっていたとはいえないことから，実際に，上場廃止基準が適用されて上場廃止となった他社事例を挙げて，それとの事実関係（悪質性等）の比較により，虚偽記載が問題となり争われている事案においても上場廃止となっていたことを主張することがある。

西武鉄道事件最高裁判決は，上場廃止基準のうち少数特定者持株数基準が問題となったが，虚偽記載がなければ上場廃止となっており，原告は西武鉄道株式を取得することはなかったものと認定している。

(2) 原告による立証のあり方

① 虚偽記載の内容または原告の投資傾向・取得の経緯等から，虚偽記載がなければ取得していないこと（原告の取引履歴，陳述書等）

原告の投資傾向・取得の経緯等に関する証拠として，原告の投資傾向や当該株式を取得した経緯等について述べる原告および原告の関係者の陳述書を提出することがある。

また，虚偽記載に係る損害賠償請求訴訟においては，損害が発生したことの大前提として，原告の当該株式取得に係る取引履歴を証拠として提出するのが通常であるが，これに加えて，虚偽記載がなければ当該株式を取得していないことを裏付ける証拠として，虚偽記載に係る事実の公表後に原告が当該株式を

---

5 上場会社がその事業年度の末日に債務超過の状態である場合において，1年以内に債務超過の状態でなくならなかったとき。ただし，当該上場会社が法律の規定に基づく再生手続若しくは更生手続，産競法第2条第16項に規定する特定認証紛争解決手続に基づく事業再生（当該手続が実施された場合における産競法第52条に規定する特例の適用を受ける特定調停手続による場合も含む。）又は私的整理に関するガイドライン研究会による「私的整理に関するガイドライン」に基づく整理を行うことにより，当該1年を経過した日から起算して1年以内に債務超過の状態でなくなることを計画している場合（当取引所が適当と認める場合に限る。）には，2年以内に債務超過の状態でなくならなかったとき。

取得していない事実を示す取引履歴等を提出することがある。また，機関投資家の場合，運用基本方針や運用ガイドラインの形で，投資対象とする有価証券を相当程度明確に定めて運用することが多いことから，虚偽記載が行われていなければ取得していなかったことを示すためにこうした運用方針を記載した資料等を証拠として提出することがある。

② 虚偽記載がなければ上場されていないこと（金融商品取引所（証券取引所）の規程，他社事例のプレスリリース等）

原告は，虚偽記載がなければ上場廃止になっていたことを裏付ける証拠として，上場廃止基準に関する証券取引所の規程や，実際に上場廃止基準が適用されて上場廃止となった他社の証券取引所に提出された開示資料（プレスリリース）等を提出することがある。

(3) 被告による主張のあり方——取得自体損害は認められないこと，無関係下落分の存在および額

① 虚偽記載の内容または原告の投資傾向や取得の経緯から，虚偽記載がなければ取得していないとはいえないこと

被告としては，虚偽記載の内容または原告の投資傾向や取得の経緯から，虚偽記載がなければ取得していないとはいえないことを主張することが考えられる。原告が赤字会社の株は取得しない等の主張を行っているような場合には，赤字会社の株も通常売買されており，赤字会社だから取得しないという経験則は成り立たないという主張を行うことも考えられる。

オリンパス事件大阪高裁判決（大阪高判平28・6・29金判1499号20頁）においても，「株式に虚偽記載があれば，当該株式を取得する投資者はいないとの経験則があるとは直ちには認められない。なぜなら，一般の投資者が，取引市場等で株式を取得するのは，取引市場における市場価額が，同人が想定するあるべき市場価額に比して割安と考えるからであり，虚偽記載があるとしても，虚偽記載がある株式の市場価額が，投資者が想定するあるべき市場価額より低額であれば，当該投資者が，この株式を取得する可能性が十分にあると考えられるからである」と判示されている。

また，原告が虚偽記載に係る事実が公表された後も当該株式を購入している

場合や，虚偽記載が問題となっている当該株式以外の銘柄に関し，虚偽記載が公表されたり，継続企業の前提の注記が行われたようなリスクが高い銘柄について，原告が株価の反騰を狙って購入していると認められる場合などには，これらの事実を主張して虚偽記載がなければ原告が当該株式を取得していないとはいえないと主張することが考えられる。

② 虚偽記載がなければ上場されていないとはいえないこと

債務超過に係る上場廃止基準は，「上場会社がその事業年度の末日に債務超過の状態である場合において，1年以内に債務超過の状態でなくならなかったとき」と1年の猶予期間が設けられているため，被告としては，虚偽記載がなく，債務超過の事実が早期に公表されていたとしても，出資等により債務超過が解消されていた可能性が高いなどと主張することが考えられる。

③ 原告が主張する損害には，虚偽記載と無関係の株価の下落分が含まれていること

原告が主張する損害には，虚偽記載と無関係の株価の下落分（他事情値下り）が含まれていることを主張することが考えられる。かかる主張は，虚偽記載に係る事実の公表前の株価の下落に関する主張と，虚偽記載に係る事実の公表以降の下落に関する主張とに区別することができる。

まず，虚偽記載に係る事実の公表前の株価の下落については，虚偽記載と相当因果関係が認められないとの主張をすることが考えられる。西武鉄道事件最高裁判決において，原告が西武鉄道株式を取得してから虚偽記載に係る事実の公表までの間の西武鉄道株式の市場価格の下落については，一般的には，虚偽記載が公表されていない間には虚偽記載が市場価格に影響を与えることは少なく，虚偽記載とは無関係な要因に基づくものであることが多いと考えられるとの考え方が示されている。

また，虚偽記載に係る事実の公表後の株価の下落については，前記**第3章第1節3**のとおり，経済情勢，市場動向，当該会社の業績に基づく下落は，西武鉄道事件最高裁判決が他事情値下りに該当するものと判示しているため，被告としては，原告が主張する損害には，経済情勢，市場動向，当該会社の業績に基づく他事情による下落が含まれていることを主張することが考えられる。

また，上記以外についても，虚偽記載とは無関係の別の不祥事など，虚偽記

載の公表と同時，または，その後に発覚した事実があった場合は，当該事実が虚偽記載とは無関係であること，公表後の値下りのうち，当該事実により生じた値下りが含まれていることおよびその金額を主張することが考えられる。

さらに，虚偽記載の公表と同時に法的倒産手続の申立てを行っているような特殊なケースにおいては，虚偽記載公表後の株価の下落には，法的倒産手続の申立てを行ったことによる下落が含まれていることを主張することも考えられる。

(4) 被告による立証のあり方
① 虚偽記載の内容または原告の投資傾向や取得の経緯から，虚偽記載がなければ取得していないとはいえないこと（原告の取引履歴等）

赤字会社の株も通常売買されており，赤字会社だから取得しないという経験則は成り立たないことを示す証拠として，赤字会社の株式の取引状況を示す資料を提出することが考えられる。

また，原告が虚偽記載に係る事実が公表された後も当該株式を購入していることを示す原告の取引履歴を示す資料を提出することが考えられる。

上記のとおり，原告は，自己の損害の存在を主張立証するため，虚偽記載に係る株式を虚偽記載に係る事実の公表前に取得したことを主張し，当該主張を裏付ける取引履歴等を証拠として提出しているのが通常であるが，原告が当該主張に必要な一部の取引履歴しか開示しておらず，虚偽記載に係る事実の公表後の取引履歴を証拠として提出していない場合も多い。そのような場合には，原告に提出を促すほか，原告が口座を保有する証券会社に対し，文書送付嘱託の申立て（民訴法226条[6]）や文書提出命令の申立て（民訴法221条[7]）を行い，被告の主張を裏付ける虚偽記載に係る事実の公表後の取引履歴を入手することも考えられる。

また，虚偽記載が問題となっている当該株式以外の銘柄で，虚偽記載が公表

---

[6] 文書送付嘱託は，不動産登記簿の登記事項証明書等，当事者が法令により文書の正本または謄本の交付を求めることができる場合には認められない（民訴法226条ただし書）。また，文書送付嘱託に係る文書が提出されなかった場合の制裁規定は存在せず，不提出の場合には，必要に応じて，改めて文書提出命令の申立てを行う必要がある。

されたり，継続企業の前提の注記が行われたようなリスクが高い銘柄について，原告が株価の反騰を狙って購入していることを基礎付ける証拠として，原告の他の銘柄の取引履歴を証拠として提出することが考えられる。

この場合にも，上記と同様，原告が他の銘柄に係る取引履歴等を提出していない場合には，原告に提出を促すほか，文書送付嘱託の申立てや文書提出命令の申立てを行い，被告の主張を裏付けるような他の銘柄の取引履歴を入手することが考えられる。

さらに，原告が株式を大量に取引しており，有価証券報告書等において大株主として記載されているような場合には，原告の投資傾向に関する証拠として，有価証券報告書等を提出することも考えられる。

オリンパス事件東京地裁判決においては，原告が口座を開設している証券会社に対して文書送付嘱託等の申立てがなされており，同申立てにより取得した取引履歴が証拠として提出されている。

② **虚偽記載がなければ上場されていないとはいえないこと**（出資等の検討に関する資料等）

虚偽記載がなく，債務超過の事実が早期に公表されていたとしても，出資等により債務超過が解消されていた可能性が高いとの主張に関し，虚偽記載の公表後に出資等を受けている事実があれば，かかる出資等に関するプレスリリース等を証拠として提出することが考えられる。

ニイウスコー事件個人投資家訴訟においては，同社が虚偽記載公表と同時に

---

7 文書提出命令の申立ては，①文書の表示，②文書の趣旨，③文書の所持者，④証明すべき事実，⑤文書の提出義務の原因を明らかにしてしなければならない（民訴法221条1項）。そして，①または②に関し，当該各事項を明らかにすることが著しく困難であるときは，その申立ての時においては，これらの事項に代えて，文書の所持者がその申立てに係る文書を識別することができる事項を明らかにすれば足り，この場合においては，裁判所に対し，文書の所持者に当該文書についての①または②に掲げる事項を明らかにすることを求めるよう申し出なければならないとされている（民訴法222条1項）。当該申出があったときは，裁判所は，文書提出命令の申立てに理由がないことが明らかな場合を除き，文書の所持者に対し，当該文書についての①または②に掲げる事項を明らかにすることを求めることができる（同条2項）。また，⑤に関し，民訴法220条各号等に記載される提出義務のいずれを根拠とするかを，原則として具体的事実により明らかにする必要がある。

第三者割当増資を行っており，仮に虚偽記載がなく，ある時点で債務超過に陥ったとしても，第三者割当増資等により1年以内に債務超過を解消する余地は十分にあったと主張し，同社が虚偽記載に係る事実の公表と同時に第三者割当増資を実施していることのプレスリリースを証拠として提出している。

③ 原告が主張する損害には，虚偽記載と無関係の株価の下落分が含まれていること（株価の値動き，分析資料等）

　原告が主張する値下りには，経済情勢，市場動向に基づく下落が含まれていることを裏付ける証拠として，原告が主張する値下りが生じている期間における，日経平均株価・東証株価指数（TOPIX）等の値動きに関する資料，被告が属する業界動向に関するレポート，被告が属する業界の同業他社の株価の状況を示す資料を提出することが考えられる。

　また，原告が主張する値下りには，当該会社の業績に基づく下落が含まれていることを裏付ける証拠として，当該会社の業績の実績値および予想値に関する資料，業績予想の下方修正に関する証券取引所へ提出した開示資料（プレスリリース）等を提出することも考えられる。

　IHI事件地裁判決においては，虚偽記載に係る公表と同時に業績予想の下方修正を行っており，被告が，業績予想の下方修正の内容等を示すプレスリリースを証拠として提出し，裁判所が，当該事実を他事情値下りと認め，推定損害から5割の減額を行っている。

　さらに，虚偽記載の公表後に発覚した事実のうち，当該事実が虚偽記載とは無関係であること，公表後の値下りのうち当該事実により生じた値下りが含まれていることおよびその金額の主張について，当該事実に対する市場の捉え方（虚偽記載に係る事実よりも投資家を含む世間一般の関心が大きいこと）を示す新聞報道等や（当該事実が法的倒産手続の開始申立てのように類型化できるものである場合には）当該事実による株価の類型的な値動きに関する資料を証拠として提出することが考えられる。

　上述した，原告が主張する値下りに，経済情勢や市場動向，被告会社による業績予想の下方修正，虚偽記載とは無関係に発覚した事実等虚偽記載と無関係の株価の下落が含まれているか否かという点は，株価の形成・変動等に関する専門的な分析を要するものであるため，虚偽記載とは無関係な事実等と株価と

の関係を分析した専門家のレポートや意見書を証拠として提出することも考えられる。

2 原告が取得時差額損害を主張する場合

(1) 原告による主張立証のあり方

取得時差額を主張する場合，原告としては，取得時の想定価額を主張立証する必要がある。

取得時の想定価額の立証は一般的には相当困難であるが（オリンパス事件東京地裁判決等，裁判例では最終的に民訴法248条[8]等を適用するものが多い），取得時における想定価額を経済分析等を用いて算定した専門家の報告書等が証拠として提出されることもある。

専門家の報告書等から損害額を直接認定した裁判例は本書執筆時点では，見受けられず，金商法21条の2第6項や民訴法248条の規定により金額を認定しているが，専門家の報告書等も，裁判所の判断に一定の影響は与えているものと考えられる。

(2) 被告による主張立証のあり方

被告としては，取得自体損害のケースと同様，原告が主張する損害には，虚偽記載と無関係の株価の下落分が含まれていることを主張立証することが考えられる。

具体的な主張立証のあり方については，取得自体損害ケースと大きな違いはなく，前記1(4)を参照いただきたい。

3 推定損害

虚偽記載の事実の公表日前1年以内に，当該有価証券を取得し，当該公表日

---

[8] 民訴法上，損害が生じたことが認められる場合において，損害の性質上その額を立証することが極めて困難であるときは，裁判所は，口頭弁論の全趣旨および証拠調べの結果に基づき，相当な損害額を認定することができるものとされている。

において引き続き当該有価証券を所有する者は、「〔公表日前1カ月間の有価証券の市場価額の平均額（市場価額がないときは処分推定価額）〕－〔公表日後1カ月間の当該有価証券の市場価額の平均額〕」を虚偽記載により生じた損害の額とすることができる（金商法21条の2第3項）[9]。

　推定規定に基づく損害を主張する場合、公表日がどの時点かによって推定される損害額に大きな差が生じるため、市場価額の平均額を算定する基準となる「公表日」がどの時点かが争点となる。

　たとえば、虚偽記載に係る事実に関する概要を公表し、当該公表により株価が大幅に下落し、その後、第三者調査委員会により、虚偽記載に係るより詳細な事実が公表され、虚偽記載に関するより詳細な事実の公表時点においては、株価の下落が緩やかになっており、または、第三者調査委員会による調査報告書の公表以降は株価が回復基調となっているような事例においては、概要を公表した時点（次掲図・公表時①）をもって公表日とするか、あるいは詳細な事実が公表された時点（公表時②）をもって公表日とするかによって、損害額が大きく異なってくる。

---

[9] 金商法21条の2第3項には以下のとおり記載されている。「第1項本文の場合〔筆者注：有価証券報告書等の虚偽記載等により提出者等が損害賠償責任を負う場合〕において、当該書類の虚偽記載等の事実の公表がされたときは、当該虚偽記載等の事実の公表がされた日（以下この項において「公表日」という。）前1年以内に当該有価証券を取得し、当該公表日において引き続き当該有価証券を所有する者は、当該公表日前1月間の当該有価証券の市場価額（市場価額がないときは、処分推定価額。以下この項において同じ。）の平均額から当該公表日後1月間の当該有価証券の市場価額の平均額を控除した額を、当該書類の虚偽記載等により生じた損害の額とすることができる。」

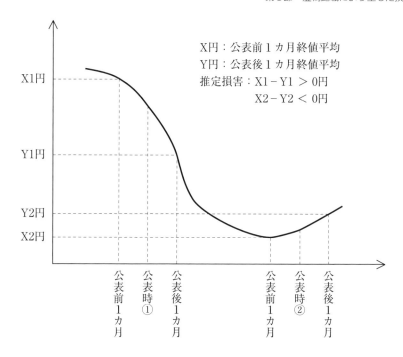

　一般的には，原被告とも，自己に有利となる時点を公表日として主張することとなるものと思われるが，公表日の解釈および適用は，法律的事項でもあるため，当該主張を裏付ける証拠としては，法律に関する専門家の意見書等を提出することが考えられる。結局は，裁判所の事実認定の問題に帰着する。
　オリンパス事件大阪地裁判決においては，被告側より，公表日の時点について論じた法律専門家の意見書が複数証拠として提出されている（174頁参照）。

第4節

役員等の責任に係る主観的要件

　金商法の規定に基づき役員等の責任が追及される場合，役員等は，虚偽記載を知らずかつ相当の注意を用いたにもかかわらず知ることができなかったことを立証すれば，責任を免れることができる（金商法21条2項1号）。

　したがって，被告とされた役員等としては，自己の職務内容および地位に照らし，虚偽記載を知らなかったことがやむを得なかったことを主張し，役員の職務内容や権限等に関する社内規程や陳述書等を証拠として提出することが考えられる。

　たとえば，特定の取引に関して虚偽記載が問題となっている場合に，虚偽記載が問題となる特定の取引に関し，当該取引に関与しておらず，当該取引の実行および当該取引に関する開示方法について決議した取締役会を欠席した役員については，問題となっている当該取引が，会社の職務分掌に照らして自己の業務と関連性がないこと，当該取引の実行および当該取引に関する開示方法について決議した取締役会に欠席しており，欠席することに正当な理由があること（取締役会が急きょ開催されたため，他の行事との調整がつかなかったこと等），取締役会の招集通知にも虚偽記載の存在をうかがわせる事実は記載されていないこと等を主張することが考えられる。

　かかる主張を裏付ける証拠としては，職務分掌に関する社内規程，取締役会を欠席したことの正当な理由を基礎づける資料，取締役会の招集通知，取締役会議事録等を提出することが考えられる。

　アーバンコーポレイション事件役員訴訟においては，①新株予約権付社債とスワップ契約を組み合わせた資金調達の準備過程に関与した取締役（以下「準備関与取締役」という），②本件新株予約権付社債と本件スワップ契約を組み

合わせた資金調達の準備過程に関与しなかった役員(以下「非関与役員」という)のうち,2008年6月26日に開催された本件新株予約権付社債の発行を決議した取締役会に出席した役員(以下「取締役会出席役員」という),③非関与役員のうち,同取締役会に出席しなかった役員(監査役を含む。以下「取締役会欠席役員」という)が,虚偽記載を知らずかつ相当の注意を用いたにもかかわらず知ることができなかったといえるか否かが争点となった。裁判所は,資金調達の準備段階において,取締役会欠席役員が,本件取引の存在を知り,その上で,臨時報告書等に虚偽記載がされるのではないかとの疑問を持つことは,相当な注意を払ったとしても困難であったなどとして,取締役会欠席役員の責任を否定した(第5章第3節4参照)。

第5章

主要事例の紹介

　本章では，虚偽記載に係る損害賠償請求訴訟のうち，当事者による主張立証活動のあり方を知るうえで実務上参考となる事例について，事案の経過，当事者による主張立証の内容およびそれに対する裁判所の判断等を紹介する。特に，当事者による主張立証については，当事者が主たる争点についてどのような主張をし，当該主張についてどのような証拠を提出しているかを，訴訟記録の閲覧により確認できる公開情報をもとに整理して紹介している。また，事案の経緯や，裁判所の判断等についても，主張立証の枠組みを理解するうえで有用な限度で紹介している。

　上記各事例を取り上げる意義については，各節の冒頭に要約して示してあり，当該事例のポイントについては，該当箇所をご参照いただきたい。

第1節

西武鉄道事件（最判平23・9・13民集65巻6号2511頁，最判平23・9・13集民237号337頁）

1 本件の意義

- 虚偽記載と相当因果関係のある損害の範囲について，はじめて最高裁判所の判断を示したリーディングケース。
- 本件事案では，虚偽記載がなければ投資者が株式を取得することはなかったとみるべきケース（取得自体損害が認められるケース）であることが認定された。
- 取得自体損害が認められるケースにおける，損害額の算定方法が次のとおり示された。
  ｛取得価額－処分価額（または，事実審口頭弁論終結時評価額）｝－虚偽記載に起因しない下落額
- 差戻後控訴審においては，「虚偽記載に起因しない市場価額の下落分」の存否および額が争点となり，両当事者から，当該争点について専門的ファイナンス理論によって検証する証拠資料が提出され，裁判所による一定の判断がなされた（結論的には民訴法248条[1]を適用し，「虚偽記載に起因しない市場価額の下落分」の金額を裁量的に認定した）。

本件の最高裁判決は，金商法適用前の事案であり，不法行為に基づく損害賠

---

[1] 民訴法上，損害が生じたことが認められる場合において，損害の性質上その額を立証することが極めて困難であるときは，裁判所は，口頭弁論の全趣旨および証拠調べの結果に基づき，相当な損害額を認定することができるものとされている。

償請求（民法709条）がなされた事案であるが，有価証券報告書等に虚偽記載のある上場株式を取得した投資家に生じた，虚偽記載と相当因果関係のある損害の額について，それまで学説や下級審裁判例の判断が分かれていたところ，はじめて最高裁判所の判断を示したものであり，後記のライブドア事件最高裁判決と併せて，多数の論点についてのリーディングケースとして重要な意義を有する。

具体的には，最高裁判決は，本件を虚偽記載がなければ投資家が株式を取得することはなかったとみるべきケースであることを認定した[2]うえで，かかる場合に虚偽記載と相当因果関係のある損害額の算定方法を以下のとおり示した。

　｛取得価額－処分価額（または，事実審口頭弁論終結時評価額）｝－虚偽記　　載に起因しない下落額

最高裁判決は，不法行為によって生じた損害の額について判示したものであるが，その判旨の射程は，金商法21条の2に基づく発行者の責任，同法24条の4に基づく発行者の取締役等の責任にも及び，金商法に基づく請求がされる場合であっても，上記算定方法に基づく原告の損害額が推定損害額（金商法21条の2第3項）を上回る場合には，本件判旨に沿った損害額の主張がされるものと考えられる[3]（本最高裁判決以降の事件のうち，本件判旨に沿った損害額の主張がされている一例として，後記オリンパス事件（東京地判平27・3・19判時2275号129頁）参照）。

また，第1審においては，重要な事項に係る虚偽記載の有無についても争点となっており，当該争点に関する訴訟当事者の主張立証活動や，本最高裁判決を前提とした差戻後控訴審における訴訟当事者の主張立証活動（最高裁のいう「虚偽記載に起因しない市場価額の下落分」の有無および金額）も実務上参考になる。

2　同様の認定がされた事案として，後記のニイウスコー事件等があり，他方で，虚偽記載がなければ投資家が株式を取得することはなかったとみるべきケースとはいえないと認定された事案として，後記のオリンパス事件（東京地判平27・3・19判時2275号129頁）・IHI事件等がある。
3　神田秀樹＝神作裕之編『金融商品取引法判例百選』（有斐閣，2013年）13頁〔黒沼悦郎〕。

2　事案の経過

(1)　発覚の経緯

　西武鉄道事件機関投資家訴訟第1審判決によれば，以下の事実が認定されている。

　西武鉄道は，1957年3月期から2004年3月期までの有価証券報告書等において，コクドが西武鉄道を支配している実態を隠蔽する目的で，コクド所有の西武鉄道株式の数につき，コクドが自社名義で所有する西武鉄道株式（自社名義株）の数のみを記載し，コクドが他人名義で実質的に所有する西武鉄道株式（他人名義株）の数を記載しないことによって，コクド所有の西武鉄道株式の数を過少に記載していた。

　2003年春ごろ，株券不発行制度の5年以内の導入が検討されていることに関する新聞報道等を契機として，西武鉄道社内における検討の結果，株券不発行制度の導入によって他人名義株は存在し得なくなるが，他人名義株の名義をコクド名義に書き換えると，①西武鉄道株式が少数特定者持株数基準に抵触して上場廃止となる，②コクドが西武鉄道の親会社であることが発覚するなどの問題点が指摘され，その結果，これらの問題点を回避するためには，他人名義株の存在を公表せずにこれを売却するほかないとの結論が出された。

　さらに，その後，西武鉄道による大株主の持株数に係る虚偽記載およびコクド所有の他人名義株の存在は，2004年8月20日の西武鉄道の取締役会において，監査役がこれを指摘することにより，西武鉄道およびコクドの内部において公然と問題視されるようになった。

　そして，西武鉄道は，2004年10月13日，西武鉄道による上記虚偽記載およびコクド所有の他人名義株の存在を公表するに至った。

(2)　上場廃止に至る経緯──財務諸表等虚偽記載基準および公益基準への抵触

　上記の公表を受けて，東京証券取引所は，2004年10月13日，西武鉄道株式が少数特定者持株数基準にいう「少数特定者持株数が80パーセントを超えている場合」に該当することが判明したとして，西武鉄道株式を少数特定者持株数基

準所定の猶予期間入り銘柄とし，その旨を公表した。

また，東京証券取引所は，2004年10月13日，西武鉄道株式が財務諸表等虚偽記載基準および公益基準に該当するおそれがあるとして，西武鉄道株式を監理ポストに割り当てることを決定し，その旨を公表した。

さらに，東京証券取引所は，2004年11月16日，西武鉄道株式が財務諸表等虚偽記載基準および公益基準に該当するとして，西武鉄道株式を2004年12月17日をもって上場廃止とすることを決定し，また，西武鉄道株式を整理ポスト[4]に割り当てることを決定し，その旨を公表した。その後，西武鉄道株式は，2004年12月17日に上場廃止となった。

(3) 訴訟の提起およびその後の経過

2004年10月13日の西武鉄道による虚偽記載に係る事実の公表前に西武鉄道株式を取得した投資家ら（個人投資家および機関投資家）が，西武鉄道，コクド（同社を吸収合併した株式会社プリンスホテル）ならびに西武鉄道およびコクドの代表取締役であった者に対し，不法行為に基づく損害賠償請求等を行った。具体的には，西武鉄道に対し，民法709条および719条1項前段，ならびに会社法350条に基づく損害賠償請求を，コクドに対し，民法709条および719条1項前段，民法719条2項および1項前段，会社法350条に基づく損害賠償請求を，西武鉄道およびコクドの代表取締役であった者に対し，証券取引法24条の4，24条の5第5項，22条1項および21条1項1号[5]および民法709条に基づく損害賠償請求を行っている。

本件に関連する各訴訟のうち，機関投資家訴訟は，2005年7月14日に訴訟提起がなされ，約3年半の期間を経て，第1審判決に至っている。第1審判決に対し，西武鉄道側の各被告が控訴し，控訴から約1年後の2010年4月22日に，控訴審判決が出されている。控訴審判決に対し，原告が上告し，約1年5カ月後の2011年9月13日に最高裁判決がなされている。最高裁においては，原告敗訴部分が破棄され，控訴審へ差戻しの判決がされ，2014年8月28日に差戻後控

---

4 上場廃止を決定した銘柄について，その事実を投資者に周知させるために割り当てるものをいう。
5 金商法24条の4，22条1項，21条1項1号に相当。

訴審判決が出されている。なお，機関投資家訴訟と同時期に個人投資家による損害賠償請求訴訟も提起されており，当該訴訟についても，機関投資家訴訟と同日に最高裁判決（最判平23・9・13民集65巻6号2511頁）が出されている。

【事案および訴訟の経過】

年月日	経過
2003年春頃	株券不発行制度の5年以内の導入検討に係る報道を契機に，社内において，虚偽記載に係る事実を公表するほかない旨判断。
2004年8月20日	西武鉄道の取締役会において，監査役が虚偽記載について指摘。
2004年10月13日	**虚偽記載に係る事実を公表**。東京証券取引所，西武鉄道株式を監理ポストに指定。
2004年11月16日	東証，西武鉄道株式が財務諸表等虚偽記載基準および公益基準に該当するとして，上場廃止を決定。整理ポストに指定。
2004年12月17日	**上場廃止**。
2005年7月14日	機関投資家による訴訟提起
2009年3月31日	第1審判決（東京地判平21・3・31判時2042号127頁）
2010年4月22日	控訴審判決（東京高判平22・4・22判時2105号124頁）
2011年9月13日	最高裁判決（最判平23・9・13集民237号337頁）
2014年8月28日	差戻後控訴審判決（東京高判平26・8・28資料版商事法務367号20頁）

3　主たる争点に係る訴訟当事者の主張立証活動と裁判所の判断

　以下では，本件に関連してされた複数の訴訟のうち機関投資家訴訟に関し，主たる争点に係る訴訟当事者の主張立証活動および裁判所の判断について解説する。なお，機関投資家訴訟においては，人証の取調べはされていない。

(1)　重要な事項に係る虚偽記載の有無

　本件は，前記①のとおり，虚偽記載に係る損害賠償請求の損害論に関する判例として著名であるが，第1審においては，大株主の持株数に係る虚偽記載が

「重要な事項に係る虚偽記載」に該当し，原告の「法令に則った正しい情報開示のもとで投資を行う利益」を侵害したといえるか否かも争点の1つとなっていた[6]。

① 原告側の主張立証―「虚偽記載」の存在および「重要性」（虚偽記載を認めた刑事事件判決等）

原告は，虚偽記載の存在の主張に関し，西武鉄道事件の刑事事件判決において，裁判所が本件において虚偽記載の存在を認定していると主張し，西武鉄道による有価証券報告書の提出が，重要な事項につき虚偽の記載のある有価証券報告書の提出に該当するとの判断が下されたことを示す西武鉄道，コクド，元代表取締役に対する各証券取引法違反被告事件の刑事事件判決を証拠として提出している。

また，大株主の持株数に係る虚偽記載が，「重要な事項に係る」虚偽記載であるとの主張に関し，①株価は市場の需給で形成されるため，投資家は市場に流通する株式数とその価格とを考慮して投資を行うか否かを判断することおよび株式の流動性について虚偽の情報が公開されれば，これだけで投資家は，市場における株価の適正性を判断する情報が得られなくなり，その投資判断に重大な影響が及ぶこと，②東京証券取引所が西武鉄道株式が上場廃止基準に該当すると判断した理由，③上場廃止基準該当性について東京証券取引所の社外取締役である商法学者の意見を聞き，上場廃止基準の解釈として問題ない旨の回答を得たこと等を主張し，かかる内容について述べる，当時の東京証券取引所上場部総括課長の刑事事件における供述調書が証拠として提出されている。

上記の刑事事件に係る証拠等の提出にあたっては，原告より，刑事確定訴訟記録の文書送付嘱託の申立てがされている。もっとも，裁判所が刑事確定訴訟記録の提出を求めたところ，事務処理上支障があるとして，当該申立て時点で

---

6 本件において，被告らは，①有価証券報告書等の虚偽記載は，旧証取法上の義務違反にすぎず，これをもってただちに不法行為法上の注意義務違反ということはできない，②「法令に則った正しい情報開示のもとで投資を行う利益」は，不法行為法上の保護法益に当たらないなどと主張して，不法行為の成否を争っていた。第1審判決は，重要な事項に係る虚偽記載があれば，不法行為責任が認められると判断し，控訴審および最高裁においてもかかる判断が前提とされている。

は文書送付嘱託に応じられないとの回答を検察庁より受けている。そのため，原告は，閲覧謄写の方法により刑事確定訴訟記録を入手しているものと思われる。

② 被告側の主張立証―「重要性」の不存在（新聞記事等）

上記原告側の主張立証に対して，被告は，刑事事件判決の存在自体は争えないものの，大株主の持株数に係る虚偽記載が，「重要な事項に係る」虚偽記載であることを否定するため，西武鉄道株式が上場廃止となったのは，少数特定者持株数基準に抵触したためではなく，財務諸表等虚偽記載基準および公益基準に該当したためであるところ，本件における西武鉄道に対する上場廃止が極めて裁量的な判断としてなされたものであり，原告が西武鉄道株式を取得した時点において，必ずしも上場廃止事由に該当していたとはいえないこと（したがって，大株主の持株数に係る虚偽記載は重要な事項に係る虚偽記載とはいえないこと）等を主張し，かかる事実を立証するため，西武鉄道株式の上場廃止が極めて異例であったこと等を示す新聞記事等を証拠として提出している。

③ 争点に対する裁判所の判断―重要な事項に係る虚偽記載の存在を認定

第1審判決は，原告の主張を認め，「流通市場における株価は，その株式の需給関係によって形成されるから，流通市場における株式の流動性は，投資家の投資判断にとって重要な要素である」としたうえで，「被告西武鉄道による上記虚偽記載は，西武鉄道株の流動性や被告西武鉄道が他の会社の子会社であるかどうかについて，投資家に重大な誤解を与えるものというべきであって，とりわけ，少数特定者持株数基準が施行された昭和57年10月1日以降においては，仮に，被告西武鉄道による上記虚偽記載がなく，コクド所有の西武鉄道株の数が有価証券報告書等に正確に記載されていれば，少数特定者持株数基準所定の猶予期間（経過措置により3年）も昭和61年3月末日には経過し，これによって，西武鉄道株は上場廃止となっていたはずであるから，<u>このような西武鉄道株の上場廃止を招来すべき事項が，有価証券報告書等の重要な事項にあたることは明らかというべきである</u>」と判示している。控訴審判決も当該判断を是認している。

(2) 損害の額

本争点については，原告が主位的に，①取得自体損害，予備的に，②取得時差額損害または高値取得損害ならびに，③発覚時下落損害を主張し，被告はこれらの発生を否定していた。この点は，下級審裁判例や学説において特に理論面における意見の対立が激しかったため，以下のとおり，両当事者より自己の主張を理論的に根拠付ける専門家の意見書が複数証拠として提出されている。

① 原告側の主張立証―取得自体損害の発生等（損害論に関する法律専門家（大学教授）の意見書等）

原告は，原告の被った損害について，第1審の段階から，主位的主張として，いわゆる取得自体損害（西武鉄道株式の取得価額から同株式の売却価額を差し引いた金額），予備的主張の第一として，取得時差額損害または高値取得損害（現実の取得価額と想定価額との差額），予備的主張の第二として，発覚時下落損害（虚偽記載の公表日の株価から，西武鉄道株式の売却価額を差し引いた金額）を主張していた。

証拠としては，本件においては原状回復的損害賠償が認められるべきことや，これを否定した東京地判平20・4・24が誤りであること等を述べた意見書（証券取引法等を専門とする黒沼悦郎教授，民法等を専門とする道垣内弘人教授，および民法（特に不法行為法）等を専門とする能見善久教授によるもの）を提出した。

② 被告側の主張立証―損害または相当因果関係の不存在の主張立証（損害論に関する法律専門家（大学教授）の意見書等）

被告は，「本件における西武鉄道株式の株価下落は，原告による大量の売却が市場において大きな売り圧力となって発生したものであるから，そのような原告の本件損害賠償請求を認めることは容認することができない。」などと主張し，損害または相当因果関係の存在を争っていた。

被告は，本件において取得自体損害が認められないこと等を内容とする意見書（商法等を専門とする近藤光男教授，民法等を専門とする潮見佳男教授，窪田充見教授によるもの）を証拠として提出している。

③ 争点に対する裁判所の判断―最高裁による取得自体損害の認定

本争点について，第1審は原告の主位的主張であるいわゆる取得自体損害を

肯定し，控訴審は，主位的主張・予備的主張の第一を排斥したうえで，予備的主張の第二（発覚時下落損害）のうち一部を肯定したうえで，民訴法248条を適用し，虚偽記載と相当因果関係がある損害として，公表直前の市場価額の15％を損害と認めた）。最高裁判決は，以下のとおり，①投資家が，虚偽記載がなければ当該株式を取得していなかったとみるべき場合には，取得価額と処分価額（または口頭弁論終結時市場価額）との差額が損害となること，②当該差額から「経済情勢，市場動向，当該会社の業績等当該虚偽記載に起因しない市場価額の下落分」（無関係下落分）を控除すべきこと，③いわゆるろうばい売りが集中することによる過剰な下落は，無関係下落分として控除すべきでないことを判示した。

> 有価証券報告書等に虚偽の記載がされている上場株式を取引所市場において取得した投資者が，当該虚偽記載がなければこれを取得することはなかったとみるべき場合，当該虚偽記載により上記投資者に生じた損害の額，すなわち当該虚偽記載と相当因果関係のある損害の額は，上記投資者が，当該虚偽記載の公表後，上記株式を取引所市場において処分したときはその取得価額と処分価額との差額を，また，上記株式を保有し続けているときはその取得価額と事実審の口頭弁論終結時の上記株式の市場価額（上場が廃止された場合にはその非上場株式としての評価額。以下同じ。）との差額をそれぞれ基礎とし，経済情勢，市場動向，当該会社の業績等当該虚偽記載に起因しない市場価額の下落分を上記差額から控除して，これを算定すべきものと解される。
>
> 虚偽記載が公表された後の市場価額の変動のうち，いわゆるろうばい売りが集中することによる過剰な下落は，有価証券報告書等に虚偽の記載がされ，それが判明することによって通常生ずることが予想される事態であって，これを当該虚偽記載とは無関係な要因に基づく市場価額の変動であるということはできず，当該虚偽記載と相当因果関係のない損害として上記差額から控除することはできないというべきである。

(3) 「経済情勢，市場動向，当該会社の業績等当該虚偽記載に起因しない市場価額の下落分」（無関係下落分）の存否およびその額（差戻後控訴審における争点）

差戻後控訴審においては，取得時損害（取得価額－処分価額（口頭弁論終結時市場価額））から控除すべき「経済情勢，市場動向，当該会社の業績等当該虚偽記載に起因しない市場価額の下落分」（無関係下落分）の存否およびその額が争点となった。

最高裁判決において，「原告が西武鉄道株式を取得してから本件公表までの間の西武鉄道株式の市場価額の下落については，一般的には，虚偽記載が公表されていない間には虚偽記載が市場価額に影響を与えることは少なく，虚偽記載とは無関係な要因に基づくものであることが多いと考えられるものの，前記事実関係によれば，本件公表前にコクドが本件虚偽記載に係る他人名義株式を売却するなどして本件虚偽記載が一部解消されていたというのであり，その頃本件虚偽記載に起因して西武鉄道株式の市場価額が下落していた可能性がある」とされたことを受けて，差戻後控訴審判決は，本件虚偽記載と相当因果関係のある損害の額は，原則として，「取得価額－処分価額－本件公表時までの下落分」として計算されることになり，例外的に，本件公表時までの下落分のうちに本件虚偽記載に起因する下落分（関係下落分）があるとして，これを損害の額に加算すべきことについては，不法行為に基づく損害賠償請求をする場合の原則どおり，請求者（被控訴人ら）において主張立証すべき責任を負うというべきであるとした。

最高裁判決が，本件公表前にコクドが本件虚偽記載に係る他人名義株式を売却するなどして本件虚偽記載が一部解消されていたというのであり，その頃本件虚偽記載に起因して西武鉄道株式の市場価額が下落していた可能性があるとして，原審へ差し戻していたため，差戻後控訴審においては，専ら公表前における株価の下落分について，相当因果関係の有無および範囲が争点となっている。

① 原告側の主張立証──コクドらによる売却行動に基づく価格下落は虚偽記載に起因する下落分である（現代ファイナンス理論の専門家（大学教授）の意見書等）

　原告は，原告が西武鉄道株式を取得してから虚偽記載に係る事実の公表に至るまでの株価の下落は，コクドらが，虚偽記載に係る事実の公表前に，大量に保有していた西武鉄道株式を売却することにより生じたものであり，当該下落分は，虚偽記載に起因する市場価額の下落分であると主張した。

　そして，コクドらによる西武鉄道株式売却に起因する価格下落分をファイナンス理論によって検証し，コクドらによる売却行動が価格下落の主要な要因であることを述べる，現代ファイナンス理論の専門家である宇野淳教授作成の意見書および同意見書を裏付けるもの（あるいは後記の被告提出に係る意見書を弾劾するもの）として，加藤康之教授作成の意見書を証拠として提出している。

② 被告側の主張立証──コクドらによる売却行動に基づく価格下落は虚偽記載とは無関係である（コンサルタント企業の意見書等）

　被告は，虚偽記載に係る事実の公表前の価格下落は，虚偽記載とは無関係であると主張した。

　そして，被告においても，証拠として，対象期間における西武鉄道株式の価格下落が，西武鉄道の業績等本件虚偽記載とは無関係な要因によってもたらされたものであること等を内容とする，アリックスパートナーズ・アジア・エルエルシー作成の意見書を証拠として提出している。

③ 争点に対する裁判所の判断──民訴法248条により関係下落分を認定

　差戻後控訴審判決は，原告は本件公表前に西武鉄道株式を取得し，本件公表後上場廃止までに西武鉄道株式を売却しているところ，本件公表前における価格下落は，虚偽記載が明らかになる前の下落であり，基本的に，虚偽記載とは無関係の価格下落であるとし，「取得価額－処分価額－本件公表時までの下落分」を算定したうえで，本件公表時までの下落分のうち，虚偽記載に起因する部分（関係下落分）について，原告が主張立証責任を負うとした。

　もっとも，訴訟当事者が提出した上記各意見書その他の証拠によって上記「関係下落分」の額を認定することはできないとして，最終的には，民訴法248条を適用して，原告が西武鉄道株式を取得してから虚偽記載に係る事実の公表

に至るまでの株価の下落分のうち，15％を「関係下落分」として認定した。

【裁判所が認定した損害の範囲（イメージ）】

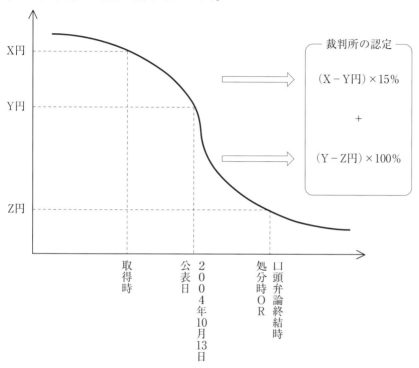

第2節

ライブドア事件
（最判平24・3・13民集66巻5号1957頁）

1 本件の意義

- 金商法21条の2第3項（平成26年改正前における2項）の損害額の推定規定を適用したはじめての最高裁判決。
- 金商法21条の2第1項および第3項の「損害」の意義を明らかにしたうえで，この判断を前提に，いかなる事実が損害額の減額の対象となる「虚偽記載等によつて生ずべき当該有価証券の値下り以外の事情」（金商法21条の2第5項）に該当するか，最高裁の判断が示された。
- 金商法21条の2第3項の適用に関し，「公表」の主体（検察官が公表の主体たりうるか）および「公表」の内容（本件における公表の内容で同項に規定する「公表」があったといえるか）について，最高裁の判断が示された。

　本件の最高裁判決は，金商法21条の2第3項（平成26年改正前2項）の損害額の推定規定を適用したはじめての最高裁判決であり，西武鉄道事件最高裁判決と並んで，証券訴訟に関する多数の論点についてのリーディングケースとして重要な意義を有する。

　西武鉄道事件最高裁判決は，発行会社の一般不法行為責任（民法709条）に関し，虚偽記載がなければ投資家が株式を取得することはなかったとみるべき場合における損害の算定方法を判示した。

　これに対し，本件は，機関投資家が提訴したものであるが原告が主位的に推

定損害額の賠償を求めたこともあって，損害に関する一般論というよりも，金商法21条の2第3項の推定「損害」の法的性質が争われた。具体的には，被告が，3項はいわゆる取得時差額のみを推定損害とする規定であり，金商法21条の2第6項（平成26年改正前5項）もこれを前提として解釈すべきであるから，同項にいう「虚偽記載等によつて生ずべき当該有価証券の値下り」も取得時差額に限られ，これに含まれない事情による株価の値下り（具体的には，ライブドア元代表取締役らに対する本件強制捜査，同人の代表取締役解任，ライブドア株の上場廃止に向けた動き，取引所市場の混乱，これらをめぐるマスメディアの報道，ライブドアの信用失墜といった事情）は6項により差し引かれるべきであると主張したのに対して，原告は，3項の推定損害は取得時差額に限らず虚偽記載と相当因果関係のある損害がすべて含まれ，6項により差し引かれるのは虚偽記載と相当因果関係のない値下りに限られると主張した。

最高裁判決は，3項の推定損害は，虚偽記載と相当因果関係のある損害すべてを含み，取得時差額に限定されるものではないと判示し（相当因果関係説），この判断を前提に，6項の「虚偽記載等によつて生ずべき当該有価証券の値下り」は，有価証券報告書等の虚偽記載と相当因果関係のある値下りのすべてをいうものと解し，被告が主張していた各事情に基づく値下りを，控除の対象とは認めず，結論として，有価証券報告書等の虚偽記載とは無関係な，マネーライフ社の完全子会社化について虚偽の発表をしていたことがマスメディアによって報道されたことによる値下りのみを「虚偽記載等によつて生ずべき当該有価証券の値下り以外の事情」による値下りに該当するものと認定し，金商法21条の2第6項を適用して1割の減額を認めた原審の判断を是認している（合計約108億円の請求額のうち，約98億8400万円が認容されている）。

また，上記金商法21条の2第3項に関し，①検察官が金商法21条の2第4項に規定する公表の主体（「当該書類の提出者又は当該提出者の業務若しくは財産に関し法令に基づく権限を有する者」）に該当するか，②検察官が公表した事実が公表の対象（「当該書類の虚偽記載等に係る記載すべき重要な事項又は誤解を生じさせないために必要な重要な事実」）に該当するか[7]等が主たる争点となった。

最高裁判決は，①を肯定したうえ，②については，虚偽記載のある有価証券報告書等の提出者等を発行者とする有価証券に対する取引所市場の評価の誤りを明らかにするに足りる基本的事実について多数の者の知り得る状態に置く措置がとられたことが認められれば，同条３項にいう「虚偽記載等に係る記載すべき重要な事項」について多数の者の知り得る状態に置く措置がとられたものといえるとした。そのうえで，2006年１月18日，東京地検の検察官が，司法記者クラブに加盟する報道機関の記者らに対し[8]，ライブドアが，2004年９月期決算において，グループ会社の売上を付け替えることで，約14億円の経常黒字と粉飾した有価証券報告書の虚偽記載の容疑がある旨伝達し，その旨の報道がされた事実をもって，公表に該当するものとした。

2　事案の経過

(1)　訴訟提起に至る経緯

本件は，ライブドアが，本来売上に計上することができないライブドア株式の売却益を連結売上高に計上し，また，子会社に対する架空の売上高を連結売上高に計上し，真実は経常損失が３億1278万4000円発生していたにもかかわらず，連結経常利益50億3421万1000円を計上するという虚偽の記載をしたことに関し，機関投資家が，金商法21条の２に基づく損害賠償請求訴訟を提起した事案である（事案の詳細については，第１章第２節[1]参照）。

---

[7]　当該争点は，後記オリンパス事件（東京地判平27・３・19判時2275号129頁）においても争点となっている。
[8]　東京地検においては，個別事件に関する捜査情報を発表する場合には，毎日実施される定例記者会見，臨時記者会見または書面による発表という方法で，次席検事が，司法記者クラブに加盟する報道機関の記者らを対象として，その捜査情報を伝達することになっている。

(2) 訴訟の提起およびその後の経過

年月日	経過
2006年1月16日	東京地検およびSESCが，証券取引法違反（偽計・風説の流布）の容疑（株価をつり上げるために，実際には買収済みであったマネーライフ社を株式交換により完全子会社化する旨公表するとともに平成16年12月期第3四半期の決算短信で売上や経常利益を水増しして虚偽の事実を発表したというもの）で，ライブドア本社の家宅捜索を含む強制捜査を開始。
2006年1月17日	ライブドアとそのグループ会社6社の7銘柄に，大量の売り注文が殺到し，東証マザーズ市場の株価は大幅に下落。
2006年1月18日	東京地検の検察官が，司法記者クラブに加盟する報道機関の記者らに対し，ライブドアが，2004年9月期決算において，グループ会社の預金等を付け替えることで，約14億円の経常黒字と粉飾した有価証券報告書の虚偽記載の容疑がある旨伝達し，その旨の報道がされた。 株式市場全体に大量の売り注文が殺到し，東証の売買システムの処理可能件数に迫ったため，「全銘柄取引停止」となる。
2006年1月21日	東京証券取引所が，ライブドアホールディングス株式を開示注意銘柄に指定。
2006年1月23日	代表取締役社長を含む3名の役員が逮捕される。 東京証券取引所が，ライブドアホールディングス株式を監理ポストに割り当て。
2006年1月24日	代表取締役解任。
2006年3月13日	SESCは，証券取引法違反の嫌疑で元代表取締役を含む役員等5名と法人としてのライブドアを東京地検に告発。
2006年4月14日	東京証券取引所はライブドアおよびライブドアホールディング株式の上場廃止を決定。
2007年3月23日	東京地方裁判所が刑事事件についてライブドアに罰金2億8000万円とする判決を言い渡し。 機関投資家による訴訟提起
2008年6月13日	第1審判決（東京地判平20・6・13判時2013号27頁）
2009年12月16日	控訴審判決（東京高判平21・12・16金判1332号7頁）
2012年3月13日	最高裁判決（確定）（最判平24・3・13民集66巻5号1957頁）

3 主たる争点に係る訴訟当事者の主張立証活動と裁判所の判断―「虚偽記載等によつて生ずべき当該有価証券の値下り以外の事情」について

本件では，金商法21条の2第3項の推定損害の意義，ひいては同推定損害から控除される金商法21条の2第6項の「虚偽記載等によつて生ずべき当該有価証券の値下り以外の事情」によって生じた損害の意義が主たる争点となった。なお，第1審から最高裁を通じて，人証の取り調べはされていない。

① 原告側の主張立証―無関係値下りの不存在

原告は，推定損害額から控除すべき事情は存在せず，金商法21条の2第3項に基づく推定損害額が全額認容されるべきであると主張した。

② 被告側の主張立証―無関係値下りの存在および額（法律専門家（大学教授）の意見書等）

被告は，金商法21条の2第3項が，取得時差額に限定されることを前提に，本件有価証券報告書の虚偽記載とライブドア株式の急落には，東京地検およびSESCによる強制捜査およびそれに引き続いてされた過熱報道，2006年1月17日にマネックス証券株式会社が被告の株式の担保を拒否したこと（いわゆるマネックスショック），同月23日のライブドア代表者らの逮捕およびその退陣ならびに一般的な株式の下落基調等のさまざまな要因が影響したことは明らかであり，本件有価証券報告書の虚偽記載とライブドア株式の急落との間の因果関係がないと主張した。

当該主張に係る証拠として，金商法21条の2第3項立法時の立案担当者の書籍，田中亘教授の法律意見書が，また，上記の各事実が株価下落の要因となったことを示すために，上記各事実が掲載された新聞記事等が証拠として提出された。

③ 争点に対する裁判所の判断―虚偽記載と無関係に生じた不祥事について減額を肯定（1割減額）

第1審判決は，公表された事実のうち，キューズ・ネット社に対する架空売上の事実は本件有価証券報告書の虚偽記載の一部を構成するものの，マネーラ

イフ社買収の際の経済的合理性のない株式交換は，本件有価証券報告書の虚偽記載とは異なる事実であるから，キューズ・ネット社に対する架空売上以外の偽計・風説の流布の事実が公表されたことが株価急落の要因の１つであることは否定できないとした。しかし，それらの諸要因による株価下落の程度がどの程度であるかを立証することは著しく困難であるとして，それらの諸要因の株価形成における重要性の程度，ライブドア株式の変動状況等本件に表れた一切の事情をしん酌して，裁量によって，本件有価証券報告書の虚偽記載以外の事情により生じた株価の値下りを３割程度と見て，原告の上記推定損害額から３割を減額するのが相当であると判示した。

　控訴審判決は，マネーライフ社の完全子会社化について虚偽の発表をしていたことがマスメディアによって報道されたことによる値下りのみを「虚偽記載等によつて生ずべき当該有価証券の値下り以外の事情」による値下りに該当するものと認定し，金商法21条の２第６項を適用して１割の減額を認めた。

　最高裁は，上記①に記載のとおり，金商法法21条の２第１項にいう「損害」とは，虚偽記載等と相当因果関係のある損害をすべて含むものと解されるところ，同条２項は，同条１項を前提として，虚偽記載等により生じた損害の額を推定する規定であるから，同条２項にいう「損害」もまた虚偽記載等と相当因果関係のある損害をすべて含むものと解するのが相当であって，これを取得時差額に限定すべき理由はないとしたうえで，同法21条の２第５項が同条２項を前提とした規定であることからすれば，同条５項にいう「虚偽記載等によつて生ずべき当該有価証券の値下り」とは，取得時差額相当分の値下りに限られず，有価証券報告書等の虚偽記載等と相当因果関係のある値下りのすべてをいうものと解するのが相当であると判示した。

　その上で，被告が主張する，ライブドア元代表取締役らに対する本件強制捜査，同人の代表取締役解任，ライブドア株の上場廃止に向けた動き，取引所市場の混乱，これらをめぐるマスメディアの報道，ライブドアの信用失墜といった，取得時差額以外のライブドア株の値下りをもたらした事情（以下「本件各事情」という）については，「本件虚偽記載及びその発覚によって本件各事情が生じ，ひいてはこれによって売り注文が殺到してライブドア株が大幅に値下がりすることも通常予想される事態であるから，本件各事情によるライブドア

株の値下がりは、本件虚偽記載と相当因果関係があるというべき」として、損害額から控除することを否定した。

そして、上記のとおり、マネーライフ社の完全子会社化について虚偽の発表をしていたことがマスメディアによって報道されたことによる値下りのみを「虚偽記載等によつて生ずべき当該有価証券の値下り以外の事情」による値下りに該当するものと認定し、金商法21条の2第6項を適用して1割の減額を認めた原審の判断を是認した。

【裁判所が認定した損害の範囲（イメージ）】

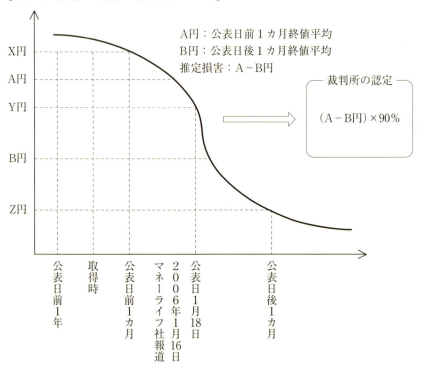

第3節

アーバンコーポレイション事件会社訴訟
（最判平24・12・21集民242号91頁）／役員訴訟
（東京地判平24・6・22金法1968号87頁）

1　本件の意義

- 虚偽記載の公表と同時に、民事再生手続開始の申立てが行われた事案。
- 会社訴訟においては、最高裁が、民事再生手続開始の申立てによる値下りが、虚偽記載外の事情により生じたものであり、減額が認められるべきであるとして、差戻判決を下した。
- 役員訴訟においては、①準備関与役員、②取締役会出席役員、③取締役会欠席役員の責任がそれぞれ問題となり、裁判所は、①準備関与役員および②取締役会出席役員の責任を肯定したものの、③取締役会欠席役員の責任を否定した（「相当の注意」を尽くしたと認定した）。

本件は、虚偽記載の公表と同時に、民事再生手続開始の申立てが行われた事例において、西武鉄道事件およびライブドア事件における最高裁判決において示された枠組みの下で、民事再生手続開始の申立てによる値下りが、損害の範囲に含まれるか（「虚偽記載等によって生ずべき当該有価証券の値下り以外の事情」により生じたものといえるか）が主に問題となった事案である。

控訴審判決が、アーバンコーポレイションによる民事再生手続開始申立ては、虚偽記載の公表に伴って必然的にとらなければならない対応であったから、アーバン株の値下りが本件民事再生手続開始申立てにより生じたものとは言えず、当該値下りは、すべて虚偽記載により生じたものであるとして、金商法21

条の2第4項および第5項の適用を否定していたのに対し，最高裁判決が原審の認定を覆し，本件民事再生手続開始申立てによる値下りは虚偽記載と相当因果関係のある値下りということはできず，アーバン株の値下りによって原告が受けた損害の一部には，本件虚偽記載と相当因果関係のある値下り以外の事情により生じたものが含まれているというべきであるとして，差戻判決を下した（差戻後控訴審において和解が成立している）。

事例判断ではあるが，虚偽記載に係る損害賠償請求訴訟において主たる争点となることが多い，損害の範囲（虚偽記載等によって生ずべき当該有価証券の値下り以外の事情の有無および金額）に関する最高裁の判断および訴訟当事者による主張立証活動として，実務上参考になるものと思われる。また，第1審および控訴審においては，虚偽記載の有無も争点となっており，当該争点に関する裁判所の判断および訴訟当事者の訴訟追行も参考になるものと思われる。

2　事案の経過

(1)　発覚の経緯──事実の公表と民事再生手続開始の申立て

アーバンコーポレイションが新株予約権付社債を発行するに際し，並行して割当先であるBNPパリバとの間にスワップ契約が締結されており，新株予約権付社債の払込金は即座に割当先に還流されることになっていたにもかかわらず，2008年6月26日に提出した臨時報告書や同月30日に提出した有価証券報告書には，資金使途として，債務の返済に使用する予定である旨記載されているのみで，上記スワップ契約の存在や，新株予約権付社債による払込金が当該スワップ契約に基づく支払金に充てられることについては，何ら記載がされていなかった。

2008年7月11日，本件新株予約権付社債の発行およびスワップ契約に基づく支払が行われた。

その後，アーバンコーポレイションは，資本提携交渉を進めていた米国大手投資銀行よりTOBの実行を拒絶され，2008年8月13日，上記スワップ契約の存在および内容を公表し訂正報告書を提出すると同時に，民事再生手続開始の申立てを行った[9]。

同社株式は，2008年9月14日に上場廃止となり，2008年10月10日に臨時報告書の虚偽記載に関し，同月24日に有価証券報告書の虚偽記載に関し，それぞれ課徴金納付命令に係る審判手続が開始され，同社はいずれについてもこれを争わなかった。2008年11月7日，金融庁は，臨時報告書の虚偽記載につき150万円，同月28日に有価証券報告書の虚偽記載につき1,081万円の課徴金納付命令の決定を行った。

(2) 訴訟の提起

　同社の民事再生手続において，同社の株主が金商法21条の2に基づく損害賠償債権につき再生債権として届出をしたところ，同社がその全額を認めなかったため，査定異議訴訟が提訴された。

　2009年5月1日に訴訟提起がなされ，約10カ月の期間を経て，第1審判決に至っている。第1審判決に対し，2010年3月18日，アーバンコーポレイションが控訴し，控訴から約8カ月後の2010年11月24日に，控訴を棄却する控訴審判決がなされている。控訴審判決に対し，2011年1月26日，アーバンコーポレイションが上告し，約1年11カ月後の2012年12月21日に最高裁判決がなされている。最高裁においては，原判決が破棄され，控訴審へ差戻しの判決がなされている（差戻後控訴審において和解が成立している）。

　また，上記のほか，アーバンコーポレイションの旧役員らに対する不法行為，金商法24条の4，24条の5第5項，22条1項に基づく損害賠償請求訴訟が提起され，2012年6月22日，請求額約9億6000万円のうち約3億3000万円の支払いを認める一部認容判決が下されている。同訴訟についても，控訴審において和解が成立している。

9　虚偽記載の公表と同時に民事再生手続開始申立てをした他の事案として，ニイウスコー事件がある。

第5章　主要事例の紹介

【事案および訴訟の経過】

年月日	経　　過
2008年6月26日	新株予約権付社債を発行（取締役会決議）。臨時報告書を提出。
2008年6月30日	有価証券報告書を提出。
2008年7月11日	本件新株予約権付社債の発行およびスワップ契約に基づく支払の実行。
2008年8月13日	上記スワップ契約の存在および内容を公表。訂正報告書を提出。民事再生手続開始の申立て。
2008年9月14日	上場廃止。
2008年10月10日	臨時報告書の虚偽記載に関し課徴金納付命令に係る審判手続が開始。
2008年10月24日	有価証券報告書の虚偽記載に関し課徴金納付命令に係る審判手続が開始。
2008年11月7日	臨時報告書の虚偽記載に関し課徴金納付命令発出。被告役員に対する訴訟提起。
2008年11月28日	有価証券報告書の虚偽記載に関し課徴金納付命令発出。
2009年5月1日	被告会社に対する訴訟提起。
2010年3月9日	被告会社に対する第1審判決（東京地判平22・3・9判時2083号86頁）
2010年11月24日	被告会社に対する控訴審判決（東京高判平22・11・24判時2103号24頁）
2012年6月22日	被告役員に対する第1審判決（東京地判平24・6・22金法1968号87頁）
2012年12月21日	被告会社に対する最高裁判決（最判平24・12・21集民242号91頁）（差戻後控訴審において和解成立）

3　主たる争点に係る訴訟当事者の主張立証活動と裁判所の判断（会社訴訟）

　本件会社訴訟では、本件スワップ契約の存在等を有価証券報告書等において記載する必要があったか否か、および、民事再生手続開始申立てによる株価の下落が虚偽記載と相当因果関係のある株価の下落といえるか否かが争点となった。なお、第1審から差戻後控訴審を通じて、人証の取調べはされていない。

(1) 虚偽記載の有無

　第１審判決においては，虚偽記載の有無，すなわち，アーバンコーポレイションが，有価証券報告書等における資金使途の記載について，本件スワップ契約の存在等を記載する必要があったか否かが争われた。

　① 原告側の主張立証―本件スワップ契約の存在を記載すべきであった（訂正報告書等，課徴金納付命令決定書，東京証券取引所の公表資料，小委員会報告書等）

　原告は，被告自身が本件スワップ契約の存在を記載すべきであったことを認めていることを主張し，被告が提出した訂正報告書や課徴金審判手続において被告が提出した違反事実を認める旨の答弁書を証拠として提出している。

　また，金融庁や東京証券取引所，「アーバンコーポレイション転換社債契約等を巡る事案に関する小委員会[10]」，被告の民事再生手続における監督委員も，新株予約権付社債による手取金の全額がスワップ契約に基づく支払いに充てられること等について臨時報告書等に記載すべきであったと述べていることを主張している。

　当該主張を裏付ける証拠として，課徴金納付命令の決定書，本件新株予約権付社債の発行に係る開示が不適切なものであったことおよび全上場企業に対して適切な情報開示を要請することを内容とする東京証券取引所の公表資料，「本件転換社債の発行と密接不可分であり，かかる投資家の投資判断において重要度が高い内容のスワップ契約」について非開示とすることは極めて不適切であることを示す上記小委員会作成の報告書を証拠として提出している。加えて，新株予約権付社債による手取金の全額がスワップ契約に基づく支払いに充てられること等について臨時報告書等に記載すべきであり，再生債務者が虚偽記載に係る責任を免れることはできないこと，役員の故意過失に基づく責任は免れないこと等を内容とする監督委員が作成した再生計画案に対する意見書等

---

[10] 当該小委員会は，本件事案のあり方に関し，事実関係の調査を行うとともに，法令・規則ならびに倫理コードに照らした考え方に関する検討を行うため，2008年10月，日本証券業協会行動規範委員会の下部機関として設置された。当該小委員会は，証券会社の従業員４名，東京証券取引所の従業員１名，弁護士１名，大学教授１名の計７名からなる。

を証拠として提出している。

②　被告側の主張立証―最終的な資金使途を記載する慣行の存在（他社事例のプレスリリース等）

被告は，途中の資金使途ではなく，最終的な資金使途を記載する慣行が成立していると主張して，最終的な資金使途を記載している他社の臨時報告書やプレスリリースを証拠として提出している。

③　争点に対する裁判所の判断―本件スワップ契約の記載が必要

裁判所は，第1審・控訴審とも，原告の主張を認め，臨時報告書上の資金使途の記載は，「利害関係人の合理的な投融資，権利行使等の判断に影響を与える重要な情報の記載を強く要求するもの」であると判示し，本件スワップ契約に関する記載を投資判断に影響を与える重要な事実であるとして，本件スワップ契約の概要を記載する必要があったと判示している。

最終的な資金使途を記載する慣行が成立しているという被告の主張については，「仮に被告が主張するような慣行が存在するとしても，当該情報に係る記載の欠缺を何ら正当化するものではない」として被告の主張を排斥している。

(2) 虚偽記載と原告の損害との因果関係の有無および原告の損害額

①　原告側の主張立証―本件虚偽記載の発覚から民事再生手続開始申立てが通常生じる事態といえる（清算貸借対照表等）

原告は，臨時報告書に本件スワップに関する記載がされていれば，本件新株予約権付社債による資金調達はできず，2008年6月末時点で被告が民事再生手続開始の申立てをしていたことが確実であり，その場合，原告が被告株式を取得することはなかったのであって，本件虚偽記載と原告が被告株式を取得して代金を支払ったこととの間には相当因果関係がある（すなわち，民事再生手続開始申立ての公表による株価の下落も，本件虚偽記載と相当因果関係のある損害である）と主張して，被告の2008年6月末時点における清算貸借対照表等を証拠として提出している。

②　被告側の主張立証―株価の下落は民事再生手続開始申立てによるものである（倒産手続の株価に与える影響に関する他社事例の資料等）

被告は，虚偽記載に係る事実の公表以降の被告株式の価格の下落は，専ら民

事再生手続の開始申立てによるものである(すなわち,民事再生手続開始申立ての公表による株価の下落は,本件虚偽記載とは無関係である)と主張して,2008年1月1日以降平成2009年3月8日までの間に倒産した上場企業(46社)に関する倒産手続の開始を申し立てたことによる株価下落の状況に関する資料や虚偽記載に係る事実の公表時に,民事再生手続開始申立ての事実が中心的に取り上げられていることを示す本件民事再生手続開始申立て直後の新聞記事等を証拠として提出している。

③　争点に対する裁判所の判断—民事再生手続開始申立てにより生じた値下りは,虚偽記載等と相当因果関係のある値下り以外の事情により生じたものとして減額すべき

第1審判決(東京地判平22・3・9判時2083号86頁)は,金商法21条の2第2項の規定により損害額を推定したうえで,同推定額には,虚偽記載によって生ずべき値下り以外の事情によるものも含まれているとして,同法21条の2第5項により2割を減額した。

控訴審判決(東京高判平22・11・24判タ1351号217頁)は,被告が6月末には破たん状態にあり,本件虚偽記載がなければ,当該時点において民事再生手続開始の申立ては必然であったから,被告株式の値下りが民事再生手続の開始申立てによって生じたものとは認められない(すなわち,被告株式の値下りは,本件虚偽記載に基づくものである)として,減額を一切認めなかった。

最高裁(最判平24・12・21集民242号91頁)は,金商法21条の4および21条の5に基づき,次頁のとおり,民事再生手続開始申立てにより生じた値下りは,虚偽記載等と相当因果関係のある値下り以外の事情により生じたものとして,原告の損害より減額すべきものとされた。

本件虚偽記載等がされた当時，上告人が倒産する可能性があったことは否定できないものの，上告人が既に倒産状態又は近々倒産することが確実な状態であったということはできず，本件虚偽記載等によってそのことが隠蔽されていたということもできない。そして，ほかに本件再生申立てによるアーバン株の値下がりが本件虚偽記載等と相当因果関係のある値下がりであると評価すべき事情は見当たらない。

　本件公表日後1箇月間に生じたアーバン株の値下がりは，本件虚偽記載等の事実と本件再生申立ての事実があいまって生じたものであり，かつ，本件再生申立てによる値下がりが本件虚偽記載等と相当因果関係のある値下がりということはできないから，本件再生申立てによる値下がりについては，本件虚偽記載等と相当因果関係のある値下がり以外の事情により生じたものとして，金商法21条の2第4項又は5項の規定によって減額すべきものである。

4　主たる争点に係る訴訟当事者の主張立証活動と裁判所の判断（役員らに対する訴訟）―取締役会欠席役員の「相当の注意」の有無

　上記のとおり，本件会社訴訟のほかに，アーバンコーポレイションの旧役員らに対する不法行為に基づく損害賠償請求訴訟が提起されており，本件役員訴訟においては，①本件新株予約権付社債と本件スワップ契約を組み合わせた資金調達の準備過程に関与した取締役（以下「準備関与取締役」という），②本件新株予約権付社債と本件スワップ契約を組み合わせた資金調達の準備過程に関与しなかった役員（以下「非関与役員」という）のうち，2008年6月26日に開催された本件新株予約権付社債の発行を決議した取締役会に出席した役員（以下「取締役会出席役員」），③非関与役員のうち，同取締役会に出席しなかった役員（監査役を含む。以下「取締役会欠席役員」という）が，虚偽記載を知らずかつ相当の注意を用いたにもかかわらず知ることができなかったとい

えるか否かが争点となった。裁判所は，①準備関与役員および②取締役会出席役員の責任を肯定し，③取締役会欠席役員（監査役を含む）の責任を否定した。以下，責任が肯定された②取締役会出席役員ならびに責任が否定された③取締役会欠席役員の責任を巡る当事者の主張立証および裁判所の判断について説明する。なお，本件においては，当時の代表取締役社長の本人尋問がされている。

① 　原告側の主張立証―取締役会出席役員および取締役会欠席役員が相当の注意を尽くしたとは認められない（取締役会議事録等）

原告は，取締役会出席役員に関し，取締役会では，本件取引に関する説明がされており，取締役会出席役員は，遅くともこの時にはその具体的内容を認識したと主張して，本件新株予約権付社債の発行を決議した取締役会の取締役会議事録[11]を証拠として提出している。

また，原告は，取締役会欠席役員に関し，取締役会欠席役員である被告らが仮に虚偽記載がなされた時点で本件スワップ契約を知らなかったとしても，倒産間近のアーバンコーポレイションに対してBNPパリバがなぜ資金調達に応じたのか疑問を持つべきであり，倒産間近において本件虚偽記載を含む臨時報告書等を提出することとなれば，投資家が当該記載を誤解して無価値になる株式を購入してしまうという重大な危険性があることからすれば，取締役会欠席役員はより一層なし得る調査および確認を尽くすべきであった。アーバンコーポレイションでは，経営会議および取締役会議事録については全部書面で残しており，誰でも見られるような状態で保管していたのであり，全被告らに送付された本件取締役会の招集通知や，会議後ただちに送付された本件取締役会議事録を確認することによっても，本件取締役会の内容を確認することは容易であり，また，他の役員，担当者，顧問弁護士等に確認することによっても，本件臨時報告書の記載内容およびその検討過程を確認することは容易であったな

11　なお，取締役会議事録に関し，原告が，本件取締役会議事録に「別紙2のとおりの臨時報告書を提出したい」旨記載されていることから，本件取締役会で（開示内容が記載された）本件臨時報告書が配布されていたはずであると主張した。しかし，裁判所は，被告（代表取締役社長）は，この記載について，議事録案として法律事務所から提供された書式をそのまま使用したためであり，現実と異なる記載である旨供述するところ，その供述が明らかに虚偽ともいえないのであって，上記記載から本件臨時報告書の配布の事実を認定することはできないと判示している。

どとして，取締役会欠席役員は「相当の注意」を用いたとは認められないと主張した。

原告は，本件新株予約権付社債の発行を決議した取締役会の取締役会議事録を，取締役会欠席役員に関する証拠としても提出している。

② **被告側の主張立証**―取締役会出席役員および取締役会欠席役員は相当の注意を尽くしたといえる（取締役会規程・陳述書等）

取締役会出席役員は，被告会社の取締役会規程上，有価証券報告書や臨時報告書の記載内容については，取締役会の付議事項とはされていなかったため，本件取締役会では，本件臨時報告書等の記載内容については審議がされず，会議資料としても配布されていなかったのであるから，取締役会出席役員といえども，本件臨時報告書等の記載自体を知ることができなかったのであり，本件臨時報告書に虚偽記載があることについて判断する契機がなかったと主張した。取締役会出席役員は，有価証券報告書や臨時報告書の記載内容が取締役会の付議事項とはされていないことを示すアーバンコーポレイションの取締役会規程等を証拠として提出している。

また，取締役会欠席役員は本件において，本件スワップ契約の存在を含めた本件取引の詳細は一部の役員のみが知るところであり，取締役会欠席役員においては，その詳細を知る機会が存在しなかった。取締役会欠席役員は，いずれも本件取締役会の招集通知が発せられた時点において，東京以外の地において通常の執務を行っていたか，あるいは翌日の定時株主総会またはこれに備えたリハーサルに出席するため本社所在地の広島に赴いていたものであり，本件取締役会に出席できなかったことについても正当な理由を有するから，その点について義務違反を認めることもできない。仮に出席したとしても，取締役会欠席役員は本件取締役会に付議された情報から本件臨時報告書等の記載が虚偽であることを知り得たとは認められず，取締役会以外の場においてこれを積極的に調査すべき義務も認められないなどとして，「相当の注意」を尽くしたと主張して，取締役会欠席役員の陳述書等を証拠として提出している。

③　争点に対する裁判所の判断――取締役会出席役員について「相当の注意」を尽くしたことを否定，取締役会欠席役員について「相当の注意」を尽くしたことを肯定

　裁判所（東京地判平24・6・22金法1968号87頁）は，「役員に求められる「相当の注意」の具体的内容は，当該役員が当該会社において占めている地位，担当職務の内容，当時認識していた事実等に応じて個別に検討すべきである」との一般論を述べたうえで，取締役会出席役員は，本件取締役会において，初めて本件取引の存在やこれが本件スワップ契約を伴うものであることを具体的に知ったものと認定しつつ，取締役は，取締役会を通じて，会社の業務執行全般を監視する職務を負っているものであるから，取締役会の付議事項およびこれと密接に関連し会社関係者の重要な利害に係る事項については，広く監視義務を負うと解するのが相当であると判示した。そのうえで，本件取締役会では，第１号議案が本件新株予約権付社債の発行，第２号議案がその買取契約の締結，第３号議案が本件スワップ契約の締結であり，第１号ないし第３号議案を通してみると，本件取引を行うべきかどうかが本件取締役会の議題であったということができ，本件臨時報告書の資金使途の項に本件スワップ契約の締結を含めて本件取引の概要を記載するかどうかは，付議事項である本件取引の実行と密接に関連する事項である上，アーバン社の利害関係人が投融資等に関する合理的な判断を行うに当たって影響を与える重要な情報であったことは前記のとおりである。したがって，取締役会出席役員としては，本件臨時報告書の資金使途の記載が適正に行われているかどうかについて，取締役会での審議を通じて，監視を行うべき立場にあったというべきであるとして，取締役会出席役員の責任を肯定した。

　取締役会欠席役員に関しては，①当時のアーバンコーポレイションにおいては，準備関与取締役は，インサイダー情報の管理の観点等から，非関与役員に対しては本件取引に関する情報を与えないという方針をとっており，そのこと自体は必ずしも不合理なこととは言い難いのであるから，本件取引の準備段階において，非関与役員が，本件取引の存在を知り，その上で，臨時報告書等に虚偽記載がされるのではないかとの疑問を持つことは，相当な注意を払ったとしても困難であったと言わざるを得ない，②本件取締役会の招集通知は，2008

年6月25日の夜以降にされ，招集通知から間もない翌26日午後3時に本件取締役会が開催されたというのであり，取締役会欠席役員において，招集通知を受けてから本件取締役会開催までの間に，独自に本件取引についての情報を収集して，本件臨時報告書の作成に係るアーバン社の業務執行について監督するというのは現実には困難であったというべきである，③取締役会欠席役員が本件取締役会を欠席したというのも，無理からぬものであり，本件取締役会の欠席をもって任務懈怠を基礎付ける事実ということもできないなどとして，「相当の注意」を尽くしたと認定した。

第4節

オリンパス事件
（東京地判平27・3・19判時2275号129頁，大阪地判平27・7・21金判1476号16頁）

1 本件の意義

- 西武鉄道事件およびライブドア事件最高裁判決により，多数の論点に関する判断枠組みが示された後における下級審裁判例。
- オリンパス事件東京地裁判決（東京地判平27・3・19判時2275号129頁）においては，原告の投資傾向等から，取得自体損害が否定されている。
- オリンパス事件大阪地裁判決（大阪地判平27・7・21金判1476号16頁）およびオリンパス事件大阪高裁判決（大阪高判平28・6・29金判1499号20頁）においては，損害額について精緻な判断がされている。

本件は，西武鉄道事件およびライブドア事件最高裁判決により，多数の論点に関する判断枠組みが示された後における裁判所の判断および訴訟当事者の主張立証活動を知るうえで実務上参考になる。

また，オリンパス事件東京地裁判決（東京地判平27・3・19判時2275号129頁）においては，原告の投資傾向等から，取得自体損害が否定されており，オリンパス事件大阪地裁判決（大阪地判平27・7・21金判1476号16頁）においては，損害額について精緻な判断をしており，これらの裁判所の判断および訴訟当事者の主張立証活動も実務上参考になる。

2 事案の経過

(1) 訴訟提起に至る経緯

本件は，オリンパスが1177億円もの損失計上の先送りを行っていたことに関し，投資家が，損害賠償請求訴訟を提起した事案であるが，訴訟に至る経緯の詳細については，第1章第2節③を参照いただきたい。

(2) 訴訟の提起およびその後の経過

オリンパス事件東京地裁判決に関して，ウッドフォード氏が解職された2011年10月14日から18日までの間にオリンパス株式を取得した株主（1名）が，2013年6月25日，本件虚偽記載に関し金商法21条の2に基づく損害賠償請求をオリンパスに対して提起した。その後，約1年9カ月の審理期間を経て，第1審判決（東京地判平27・3・19判時2275号129頁）が出されているが，これがオリンパス事件東京地裁判決である。同判決については，両当事者とも控訴せず，確定している。

また，虚偽記載に係る事実の公表前にオリンパス株を取得した株主ら（個人および法人）が，2012年1月23日，本件虚偽記載に関し民法709条に基づく損害賠償請求（一部の株主については，金商法21条の2に基づく損害賠償請求）をオリンパスに対して提起した。その後，約3年6カ月の審理期間を経て，第1審判決（大阪地判平27・7・21金判1476号16頁）が出されている。同判決に対して，原被告双方から控訴された。原告は，附帯請求である遅延損害金支払請求について，第1審においては，訴状送達の日を起算点としていたが，控訴審において，不法行為の日である原告がオリンパス株式を取得した日（最終取得日）を起算点として，請求を拡張した。控訴審は，本件を高値取得ケースであると認定したことや，損害額算定の枠組みついては，第1審判決を是認し，第1審判決と同額の損害額を認定した。そのうえで，原告が請求を拡張した部分について，請求を認容した。これらが，オリンパス事件大阪地裁判決およびオリンパス事件大阪高裁判決である。

3 主たる争点に係る訴訟当事者の主張立証活動と裁判所の判断（東京地裁判決）

　東京地裁判決では，原告に取得自体損害が認められるか否かが主たる争点の1つとなっている。
　なお，人証の取調べはなされていない。

　　① 　原告側の主張立証──虚偽記載がなければ本件株式を取得しなかった
　原告は，①本件虚偽記載がなければ，被告は倒産必至であったといえ，上場廃止される危険性が極めて高かったから，原告が本件虚偽記載の存在を知っていたならば，被告株式を取得することはなかった，②原告が本件株式を購入した時点では被告株式の株価がウッドフォード氏解職により下落していたが，原告は，被告株式の株価下落はウッドフォード氏解職による一時的なものであってその後に株価が反騰することは必至であると見込んでいたからこそ，本件株式を割安と判断して購入したのであるが，実際には，原告が被告株式を取得し終えた3日後の2011年10月21日から，被告の不明朗な会計処理があるとの報道が具体的にされ始めたことで被告株式の株価は下落し続け，ついには同年11月8日に本件開示により被告が巨額の粉飾決算を自認するに至って，被告株式の株価は暴落したのであって，本件虚偽記載がなければ，原告が，被告株式の株価反騰を合理的に期待することはできなかったから，被告株式を取得することはなかったなどと主張した。原告は，かかる主張を直接裏付ける証拠は特段提出していないものの，本件虚偽記載の内容等を示す訂正報告書等の証拠を，上記主張の裏付けとしても用いているものと思われる。
　　② 　被告側の主張立証──原告が粉飾決算の疑惑や上場廃止の懸念のある株式をあえて積極的に取得する投資傾向を有していたこと（原告が大株主として記載されている会社の有価証券報告書，証券会社の取引履歴等）等
　被告は，原告が粉飾決算の疑惑や上場廃止の懸念のある株式をあえて積極的に取得する投資傾向を有していたと主張し，原告が大株主として記載されている会社[12]の有価証券報告書や株価推移時系列表等を証拠として提出している。

また，本件虚偽記載が明らかとなり被告株式の株価反騰を合理的に期待できない可能性が高い状況になっていた2011年11月8日以降も，原告は同月9日から同月17日までの間に合計35万株の被告株式の信用取引を行っていたと主張し，証券会社の取引履歴を証拠として提出している。

　なお，原告は，損害の存在および額を裏付ける証拠として，自己の取引履歴を証拠として提出していたが，原告が提出していない取引履歴については，被告が，原告が主張していない被告株式に関する取引の存在およびその内容を明らかにするため，証券会社に対する文書送付嘱託の申立てを行った。かかる文書送付嘱託申立てが採用され，被告は文書送付嘱託に対する回答書を証拠として提出している。

　また，被告は，原告が取得自体損害を主張していることについて，取得自体損害が認められるのは，格付けなどに関して投資できる有価証券に制限が課されており，虚偽記載がなかったとすれば当該有価証券を取得することが法令や内部規則等により禁じられていた場合などの例外的なケースを除けば，当該有価証券の（虚偽記載がなかった場合の）市場価額（相互に独立した売主と買主の間で成立し得べき公正な取引価額）が，当該投資者において（虚偽記載がなかった場合に）独自に算定したであろう「あるべき市場価額」を上回ることを当該投資者が証明した場合に限られると主張し，同主張に沿った江頭憲治郎教授の鑑定意見書を証拠として提出している。

　③　争点に対する裁判所の判断——虚偽記載がなければ本件株式を取得しなかったとはいえない

　オリンパス事件東京地裁判決は，①仮に虚偽記載がなくとも，オリンパスが債務超過ないし虚偽記載に係る各上場廃止基準に該当していた蓋然性は極めて低く，原告が本件株式を取得した2011年10月当時において被告株式につき上場

12　①不適当な合併等を理由として大阪証券取引所において上場廃止猶予期間に入っている会社，②監査報告書において継続企業の前提に関する重大な疑義が存在すると指摘されている会社，③連結子会社において不適切な取引が行われた可能性があることが判明したとして，外部調査委員会を設置し，同委員会の調査によって循環取引等の不正取引の存在が明らかになった会社，④579億5000万円の経常損失を計上しており，2011年11月11日には生き残りをかけた重要な局面にある旨の報道がされた会社など。

廃止の措置がとられていた蓋然性は極めて低かったと言うことができること，②原告は，本件開示により被告の過去の損失計上先送りが明らかになり，東京証券取引所が被告株式につき上場廃止の注意喚起を行い，被告株式の株価が下落を続けていた状況の中でも，その後の反騰を狙って，あえて被告株式の購入を継続していたであろうことが推認されること，を理由として，本件虚偽記載がなければ本件株式を取得しなかったとは言えないとしている。

なお，そのうえで，金商法21条の2に基づく損害について判断しており，これについては，①ウッドフォード氏の解職に関する報道以降の値下りすべてが虚偽記載と相当因果関係のある損害であるとの原告の主張を否定し，②仮にウッドフォード氏の解職に関する報道以降の値下りすべてについて相当因果関係が認められない場合であっても，原告の主張する一定額を上回るとの主張も，立証不十分として排斥されている。③そのうえで，金商法21条の2第3項の推定損害額を損害として認め，他事情値下りとして，最終的に推定損害額から2割の減額がなされている。

オリンパス事件大阪高裁判決においても，取得自体損害は否定されている。同判決は，取得自体損害が認められない理由として，①原告が，第1審における主位的主張として，取得自体損害が認められないことを自白していたことに加え，②オリンパスは，成長が続く内視鏡市場において圧倒的に優位な地位を占めており，医療事業における成長に陰りは見られないなどと評価されるように，本業の業績は順調であって，高い技術力を有する優良企業であると評価されていたこと，③本件虚偽記載は，オリンパスの連結貸借対照表の純資産額を平成13年3月期～平成24年3月期第1四半期という長期にわたり，最大1200億円余りを嵩上げするものであり，真実の純資産額と虚偽の純資産額との対比でも最大約40％に及ぶ大規模なものであったものの，オリンパスの連結損益計算書の純利益額についての虚偽記載ではなかったため，オリンパスの本業での利益水準や業績動向に基づく市場の評価を誤らせるようなものではなかったこと，④東京証券取引所も，同様の判断からオリンパス株式の上場の廃止を相当であるとは認められないと決定したことを認定している。

【裁判所が認定した損害の範囲（イメージ）】

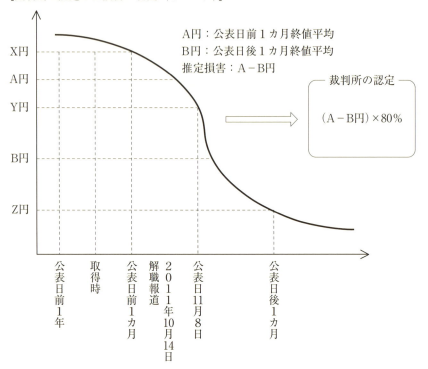

4 主たる争点に係る訴訟当事者の主張立証活動と裁判所の判断（大阪地裁判決）

　オリンパス事件大阪地裁判決においては，原告は，主位的主張として取得自体損害を主張したものの，虚偽記載がなければオリンパス株式を取得しなかったとはいえないことを認めていたため，高値取得損害ケースであることを前提に判断がなされている。

　ウッドフォード氏解職報道から虚偽記載に係る事実の公表までの株価下落が虚偽記載と相当因果関係があるか，虚偽記載に係る事実の公表以降の株価下落のうち，虚偽記載と相当因果関係があるのはどこまでかが争点となった。また，

推定損害を主張していた原告について，オリンパスが1990年代頃から有価証券投資等に係る損失計上の先送りを行っており，他社の買収に際しFAに支払った報酬，優先株の買戻しの資金および本件国内3社の買収資金が，複数のファンドを通す等の方法により，損失計上先送りによる投資有価証券等の含み損を解消するためなどに利用されていたことが判明したことを公表した時点（2011年11月8日。以下，本項において「本件開示」という）をもって，金商法21条の2第3項にいう「公表」があったといえるか等も争われた。

なお，人証の取調べはなされていない。

年月日	経　　過
2011年10月14日	経営陣がウッドフォード代表取締役・社長執行役員を解職。同氏，前経営陣がオリンパスに多額の損害を加えていた疑いを公表。
2011年11月8日	緊急記者会見を開催し，損失計上の先送り等について開示（本件開示）。
2011年12月6日	第三者委員会の調査により，損失計上の先送り判明。
2011年12月14日	有価証券報告書の訂正報告書を提出。

(1) 金商法21条の2第3項に基づく損害額（公表日）

上記のとおり，オリンパス事件大阪地裁判決においては，推定損害を主張していた原告について，公表日を本件開示が行われた日である11月8日とするか，または第三者委員会の報告書が開示された12月6日もしくは訂正報告書が提出された12月14日とするかによって，推定される損害額が大きく異なっていたため，いつの時点を「公表日」とするかが問題となった。

11月8日を公表日とした場合，「〔公表日前1月間の有価証券の市場価額の平均額（市場価額がないときは処分推定価額）〕－〔公表日後1月間の当該有価証券の市場価額の平均額〕」は，1471.73円－869.57円＝602.16円となるが，12月6日または12月14日を公表日とした場合，当該時点以降における株価が回復基調にあったため，公表日後1カ月間の市場価額（終値）の平均額のほうが大きくなり，推定損害は0円となる状況であった。

① **原告側の主張立証―公表日は本件開示が行われた2011年11月8日**

原告は，ライブドア事件最高裁判決を証拠として提出し，2011年11月8日に

被告が発表した事実は「公表」（金商法21条の2第3項）にあたり，同日が「公表日」にあたると主張した。

② **被告側の主張立証―公表日は第三者委員会報告書を開示した2011年12月6日または訂正報告書を提出した同月14日（法律専門家の意見書等）**

被告は，2011年11月8日に被告が発表した事実は，「公表」（金商法21条の2第3項）にはあたらず，同日が「公表日」とはいえないこと，本件虚偽記載に係る「公表日」は2011年12月6日（被告が第三者委員会報告書を開示した日）または同月14日（被告が訂正報告書を提出した日）であること等を主張し，当該主張を裏付ける弥永真生教授の意見書，公表日は2011年12月6日であると解すべきであること等を内容とする田中亘教授の意見書を証拠として提出している。

③ **争点に対する裁判所の判断―本件開示が行われた日を公表日と認定**

オリンパス事件大阪地裁判決は，ライブドア事件最高裁判決において示された規範を前提に，緊急記者会見およびプレスリリースにより開示された情報は，被告株式に対する取引所市場の評価の誤りを明らかにするに足りる基本的事実に当たり，これを開示することにより多数の者の知りうる状態に置く措置がとられたといえるから，本件開示をもって法21条の2第3項所定の「虚偽記載等の事実の公表」があったということができるとして，原告の主張を採用し，本件開示がなされた2011年11月8日を公表日と認定した[13]。控訴審でも当該判断が維持されている。

(2) 金商法21条の2第3項に基づく損害額

① **原告側の主張立証―ウッドフォード氏解職報道から本件開示までの株価下落が虚偽記載と相当因果関係があること，本件開示以降の株価の下落が虚偽記載と相当因果関係があること（イベント分析の手法の問題点を指摘する文献等）**

原告は，本件開示前の株価下落に関し，①ウッドフォード氏の解職は，本件虚偽記載の発覚防止策の一部であり，かかる事実が明らかにされると，経営効

---

13 もっとも，金商法21条の2第3項にいう推定損害が，民法709条に基づく損害額よりも少額となるから，結論としては，金商法21条の2に基づく損害は採用されていない。控訴審でも同様である。

率化の面でウッドフォード氏の手腕に期待していた市場参加者の落胆や経営上の混乱への懸念は通常生じ得ることであるから，これらを原因とする株価の下落は，本件虚偽記載と相当因果関係がある，②ウッドフォード氏の解職理由の虚偽発表および高額なFA手数料の支払や本件国内3社の買収は，発覚防止策や損失解消策の一部であり，これらの事実が明らかにされると，市場において被告が違法または不正なこと（反社会的勢力の関与や経営陣による私的流用を含む）を行っているのではないかという疑念が生じるのが通常であることから，10月17日にこれらの事情が明らかになり，上記疑念が生じた結果発生したオリンパス株式の株価の下落も本件虚偽記載と相当因果関係があるとして，ウッドフォード氏解職報道から虚偽記載に係る事実の公表までの株価下落について，虚偽記載と相当因果関係があると主張した。

また，本件開示後の株価下落に関し，本件開示によって，市場参加者は，虚偽記載の程度が巨額に上ることおよびオリンパス株式の上場廃止の可能性をも認識したことになり，本件開示は，本件虚偽記載の重要部分を明らかにするもので，これによりオリンパス株式の株価が下落したから，本件開示以降のオリンパス株式の株価の下落は，虚偽記載と相当因果関係があるものと主張した。

そして，被告が提出するアリックスパートナーズ・アジア・エルエルシー作成の意見書については，インテリジェンス事件（東京高決平22・10・9判タ1341号186頁）において同社作成の意見書が採用する手法について，多数の問題点が指摘されていることを示す文献等が弾劾証拠として提出されている。

②　被告側の主張立証—ウッドフォード氏解職報道から本件開示までの株価下落は虚偽記載と相当因果関係がないこと（コンサルティング企業作成の意見書）

被告側は，ウッドフォード氏の解職は，代表取締役兼社長としての適性がなかったこと等が主たる理由であるから，ウッドフォード氏の解職報道後の株価下落と本件虚偽記載との間には相当因果関係がないと主張した。

また，本件開示後の株価下落について，本件開示の時点では，被告が先送りした損失の正確な金額は公表されていなかったのであるから，正確な金額が公表される12月6日以前の株価下落は，本件虚偽記載と相当因果関係がないと主張した。そして，イベント分析等の手法により解職報道後の株価下落や12月6日以前の株価下落が本件虚偽記載とは無関係であることを示すアリックスパー

トナーズ・アジア・エルエルシー作成の意見書を証拠として提出している。

③　争点に対する裁判所の判断―ウッドフォード氏解職報道から売却までの株価下落から2割を控除

オリンパス事件大阪地裁判決は，高値取得損害ケースにおける損害の判断枠組みについて以下のとおり判示した上で，算式について，支出した金銭等の額(a)−｛取得時点での市場価額−(取得時点での嵩上げ額＋虚偽記載を有する株式を取得したことによる価額下落リスクの評価額)｝(b)となるとした。

すなわち，高値取得損害ケースにおける損害とは，当該株式取得のために実際に支出した金銭等の額(a)と虚偽記載がなかったとした場合の取得時点での当該株式の価値(b)との差額であり，(b)の価額は，取得時点での市場価額から，虚偽記載によって取得時点で嵩上げされた株式の価値（以下「嵩上げ額」という）自体を控除するのみならず，虚偽記載がされた株式を取得したことによって将来被るおそれのある価額下落（虚偽記載の発覚に伴う会社の信用毀損，ろうばい売り等）のリスクを取得時点で金銭評価した額をも控除した金額であると解すべきである。

そして，上記算式のうち，「取得時点での嵩上げ額＋虚偽記載を有する株式を取得したことによる価額下落リスクの評価額」（以下，これらを併せて「嵩上げ額およびリスク部分」という）については，虚偽記載の公表前後の市場価額の下落幅等を参考にして推計するほかないとしたうえで，①まず，本件事実関係に即して，本件開示前後の株価下落部分のうち，嵩上げ額およびリスク部分が反映されたと認められる範囲を検討し，②次に，その検討を踏まえて，どのような方法によって嵩上げ額およびリスク部分を認定すべきかを検討した。

①に関し，裁判所は，被告の取締役会は，ウッドフォード氏からの上記疑惑の指摘を受けて，本件虚偽記載の発覚を防ぐ目的でウッドフォード氏を解職したものと推認することができ，ウッドフォード氏の解職報道による株価下落は，本件開示前であっても本件虚偽記載と相当因果関係のある株価下落に含めることができるというべきであるとした。

また，原告は，保有していたオリンパス株式を，いずれも本件開示の日である2011年11月8日から同月28日までの間に売却したところ，本件開示の日と各売却日との間は1カ月以内であり，本件虚偽記載によってオリンパス株式に対

して形成されていた市場の誤った評価が修正される過程であったと考えることができるから，本件開示の日から原告の各売却日までのオリンパス株式の株価変動も本件虚偽記載と相当因果関係を有するとみるのが相当であるとした。

以上から，ウッドフォード氏の解職報道（10月14日）から原告の各売却日までを，「嵩上げ額およびリスク部分が反映されたと認められる範囲」であると認定した。

そして，上記②に関し，嵩上げ額およびリスク部分が本件虚偽記載と相当因果関係のある株価下落額に一定の割合で反映されると考えても，その割合は，株式取得時期において本件虚偽記載が被告の真実の計算書類に影響を及ぼす程度，株式取得時から本件開示までの期間の長短等の事情によって異なる上，各株主が各取引ごとに取得した株式について，それぞれの売却時期の違い等を踏まえた調整も必要となるから，それぞれの反映される割合を前方視的に正確に認定することは極めて困難であるとして，民訴法248条を適用して相当な損害額（嵩上げ額およびリスク部分ならびにこれを前提とする高値取得額）を認定するのが相当であると判示した。

その上で，(i)被告は，成長が続く内視鏡市場において圧倒的に優位な地位を占めており，医療事業における成長に陰りは見られないなどと評価されるように，本業の業績は順調であって，高い技術力を有する優良企業であると評価されていたこと，(ii)本件虚偽記載は，被告の連結貸借対照表の純資産額を2001年3月期〜2012年3月期第1四半期という長期にわたり，最大1200億円余りを嵩上げするものであり，真実の純資産額と虚偽の純資産額との対比でも最大約40％に及ぶ大規模なものであったものの，被告の連結損益計算書の純利益額についての虚偽記載ではなかったため，被告の本業での利益水準や業績動向に基づく市場の評価を誤らせるようなものではなかったこと，(iii)にもかかわらず，本件虚偽記載の内容や規模の大きさに加えて，ウッドフォード氏の解職が大衆の関心を惹くものであったこともあり，多数の報道機関により大きく報道されたことも相まって，2011年10月13日に2482円であったオリンパス株式の株価が2012年1月31日までの間に概ね900円〜1300円にまで大きく下落したことなどを総合考慮すると，本件虚偽記載と相当因果関係のある株式下落部分には，株式取得時点で想定されていた価格下落リスクを超える下落分も一定程度含まれ

ているものと認められ、その割合を2割とみて、これを控除するのが相当であるとした。

【裁判所が認定した損害の範囲（イメージ）】

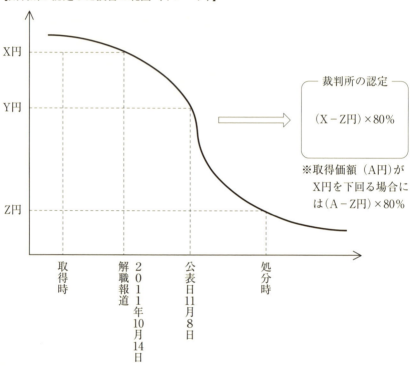

第5節

IHI事件（東京地判平26・11・27証券取引被害判例セレクト49巻1頁，東京高裁係属中）

1 本件の意義

- 虚偽記載に係る事実の公表と同時に業績予想の下方修正をしている事案において，業績予想の下方修正による値下りが「他事情値下り」と認定され，推定損害から5割の減額が認められている。
- 第1審判決では虚偽記載の存在が認められたものの，過年度決算の訂正を行っている発行会社が虚偽記載の存在を争う場合の主張立証方法として参考になる。

本件は，虚偽記載に係る事実の公表と同時に業績予想の下方修正をしている事案において，業績予想の下方修正による値下りが「他事情値下り」と認定され，推定損害から5割の減額が認められており，他事情値下りの存在およびその金額を認定している裁判例として参考になる。さらに，第1審判決では虚偽記載の存在が認められているものの，虚偽記載の存在を争う被告の主張立証活動は実務上参考になる。

2 事案の経過

(1) 訴訟提起に至る経緯

本件は，工事進行基準適用工事に係る売上の過大計上および売上原価の過少計上等により，連結中間純損益および連結当期純損益について虚偽の記載がな

された半期報告書および有価証券報告書を提出し，また，当該半期報告書を参照書類とする有価証券届出書を提出し，同届出書に基づく一般募集等により，株券を取得させたなどとして，流通市場および発行市場において株式を取得した株主192名から，IHIに対して，金商法18条1項，19条，21条の2第1項・2項，会社法350条，民法709条に基づく損害賠償請求がされた事案である。訴訟に至る経緯の詳細については，第1章第2節2を参照いただきたい。

(2) 訴訟の提起およびその後の経過

2008年9月29日に訴訟提起がなされ，約6年2カ月の審理を経て，第1審判決（東京地判平26・11・27証券取引被害判例セレクト49巻1頁）に至っている。第1審判決は，総額4億1854万6253円の請求のうち，流通市場において株式を取得した株主について取得自体損害を否定し，推定損害を算定したうえで，5割の減額を行うなどして，最終的に4817万6110円を認容した。2016年10月末現在控訴審が係属中である。

3 主たる争点に係る訴訟当事者の主張立証活動と裁判所の判断

(1) 虚偽記載の有無

① 原告側の主張立証――被告が虚偽記載の存在を自認していること，第三者により虚偽記載の存在が認定されていること（訂正報告書・プレスリリース，金商法違反審判事件の答弁書，SESCの検査報告書）

原告は，被告が虚偽記載の存在を自認していると主張し，過年度決算の訂正に関する訂正報告書やプレスリリースなどを証拠として提出するほか，IHIの金融商品取引法違反審判事件における違反事実を認める内容の答弁書を証拠として提出している。

原告は，金融商品取引法違反審判事件（平成19事務年度（判）第31号）に関する事件記録の閲覧謄写請求[14]を行い，上記答弁書等の金融商品取引法違反審判

---

14 利害関係人（課徴金納付命令の原因となった事件の被害者は利害関係人に含まれる

事件に係る資料を取得している。

　また，会計上の見積りの変更によって過年度の財務諸表を遡及修正したとの後記被告の主張に対し，「会計上の見積りの変更」とは，新たに入手可能となった情報に基づいて過去の財務諸表を作成する際に行った会計上の見積りを修正することをいうところ，「我が国においては，会計上の見積りの変更が行われた場合，過去に遡り，過年度財務諸表を修正することは行われて」おらず，被告による過年度の財務諸表の遡及修正は，虚偽記載の存在を前提とするものであると主張し，企業会計基準委員会が2007年7月9日に公表した「過年度遡及修正に関する論点の整理」と題する資料を証拠として提出している。

　そして，原告は，SESCが2007年3月期有価証券報告書等に虚偽記載があると認定していると主張し，SESC作成の検査報告書を証拠として提出している。

　原告は，「金融商品取引法第6章の2の規定による課徴金に関する内閣府令第30条第4項により被審人がその申立により閲覧又は謄写を求めることができる資料並びに2008年7月9日付課徴金納付命令の根拠となる違反事実及び課徴金計算の基礎となる事実を証する一切の資料」について，文書提出命令の申立てを行っている。裁判所は，これを受けて，SESCに対し，民訴法222条2項[15]に基づき，文書の表示および文書の趣旨について照会を行った。同委員会の回答を受けて，文書の表示が整理され，このうち，上記検査報告書が文書提出命令の対象として採用され，その他（質問調書等）は不採用となった。利害関係人であるSESCは，文書提出命令が認められると，関係者がヒアリングに応じにくくなり検査に支障が生じること，検査手法が広く公表され，対策を講じる企業が現れてくることなどを理由に，文書提出命令に反対の意見書を提出しており，そのことが一定程度考慮され，検査報告書以外の資料について不採用との判断がなされたものと思われる（第6章第1節3(3)）。

とされる〔三井秀範編著『課徴金制度と民事賠償責任　条解証券取引法』（金融財政事情研究会，2005年）141頁〕）は，内閣総理大臣（内閣総理大臣の権限は金商法194条の7により金融庁長官に委任されている）に対し，審判手続開始の決定後，事件記録の閲覧または謄写等を求めることができ，内閣総理大臣は，第三者の利益を害するおそれがあるときその他正当な理由があるときでなければこれを拒むことができない（金商法185条の13）。

15　前掲注14参照。

なお，原告は，虚偽記載の「重要性」に関し，有価証券報告書等において，連結営業利益や連結当期純利益の額に相当程度の変動があるところ，連結当期純利益等は，投資家の投資判断に直結する重要な勘定科目であるうえ，虚偽記載に係る金額も多額で割合も大きいことに照らすと，本件虚偽記載は，投資家の投資判断に影響を与えるものとして，「重要な事項」について虚偽の記載があるというべきであると主張した。

　② 被告側の主張立証―過年度決算の訂正等は虚偽記載を前提とするものではなく，また，虚偽記載を自認するものではないこと（法律専門家（大学教授）の意見書等），訂正前の決算は，会計慣行に照らし不合理・不適正とまではいえないこと

　被告は，被告が金融庁の課徴金納付命令を争わなかったのは，①審判の長期化，②レピュテーション，③早期終結させ業績回復等を優先的に取り組む必要があったためであり，虚偽記載を自認しているものではないと主張し，経営陣の陳述書等により立証を行った。

　さらに，会計上の見積りの変更によって過年度の財務諸表を遡及修正するという会計処理は，少なくとも被告が過年度の連結財務諸表を訂正した2007年12月14日当時においては，一般に公正妥当と認められる企業会計の慣行に従ったものであったから，被告の行為は，虚偽記載を前提とするものではないと主張し，同主張を裏付ける商法等を専門とする大杉謙一教授の意見書を証拠として提出している。

　また，被告は，財務諸表作成時点で工事進行基準に関する会計処理に係る公正な会計慣行に反しない方法で会計処理を行っていれば虚偽記載にはならず，被告の訂正前の処理は，会計慣行に照らし，不合理・不適正とまではいえないと主張し，各工事に関する具体的な事情を主張し，被告が行った会計処理の妥当性を裏付ける各プロジェクトに関する資料（契約書，プロジェクト月報，プロジェクト原価報告等）や見積りが適切であったことを述べる見積り作成者の陳述書等を証拠として提出した。また，真実に合致するとされる記載には幅があること，会計上の見積りの適正性に関する判断においては，結果から遡った後知恵による評価を排除すべきであり，財務諸表作成時点において収集可能であった事実を前提として，その当時の会計処理が合理的な判断の幅を逸脱する

ものではなかったかが判断されるべきであること等を記載した，弥永真生教授や大杉謙一教授の意見書を証拠として提出した。

なお，被告は，虚偽記載の「重要性」に関し，有価証券報告書等で虚偽の記載があるとされる箇所に関し，その記載内容・項目・金額・虚偽とされる理由等の種々の事情を総合考慮して，投資家の投資判断に与える影響が重要かどうかという観点から個別具体的に判断されるべきであり，個々の工事に関する会計処理を具体的に検討せずに，連結純利益が問題となっているという理由だけで，「重要な事項」に該当するとはいえないと主張した。

③　争点に対する裁判所の判断—虚偽記載の存在を肯定

第1審判決は，工事進行基準における過去の総発生原価見通しが不適正であったために過年度決算における期間損益の配分が不適正となったか否かの判断は，当時の時点で認識可能であった事実を前提として，企業会計準則の裁量を逸脱するものであったか否かによって判断するのが相当であるとして，工事進行基準に関する虚偽記載の判断枠組みを示したうえで，結論としては，本件における会計処理は，企業会計準則の裁量を逸脱するものであり，虚偽記載が認められるとした。また，当該虚偽記載は，連結損益計算書の連結営業利益や連結当期純利益という投資家の投資判断に与える影響として極めて重要な分野に属するものというべきであり，しかも，その金額も多額に及ぶものであるから，「重要な事項」について虚偽の記載があることが明らかであるとした。

さらに，会計上の見積りの変更によって過年度の財務諸表を遡及修正するという会計処理が公正な会計慣行に従ったものであるとの被告の主張は，過年度遡及修正会計基準制定以前から，一般に会計上の見積りの変更の場合には過去に遡って処理しないことが我が国の公正なる会計慣行として定着していたというべきであるとして排斥されている。

(2)　他事情値下り—業績予想の下方修正

①　原告側の主張立証—業績予想の下方修正による株価下落は虚偽記載と相当因果関係がある（公認会計士の意見書）

原告は，虚偽記載に係る事実の公表と同時にされた業績予想の下方修正の事実およびそれによって生じた値下りが他事情値下りとして推定損害から減額さ

れるべきであるか否かという争点に関し，過年度決算訂正と業績予想の下方修正は，表裏一体・不可分の関係にあり，業績予想の下方修正が本件虚偽記載と無関係とはいえないから，仮に，業績予想の下方修正による株価下落があったとしても，当該下落は，本件虚偽記載と相当因果関係のある値下りというべきであると主張した。

そして，工事進行会計基準適用工事においては，工事期間中のある期において，工事原価総額が見積りの見直しにより増額した場合，工事損失引当金の設定の有無を問わず，当期の工事損益のみならず，翌期の業績予想（翌期の損益）に影響を与え，悪化させること（すなわち，業績予想の下方修正が本件虚偽記載と無関係とはいえないこと）等を述べる公認会計士の意見書を証拠として提出している。

② 被告側の主張立証─業績予想の下方修正による株価下落は虚偽記載と相当因果関係がない（法律専門家（大学教授）の意見書）

被告は，2007年9月28日に，2007年3月期決算（過年度）の訂正の可能性の開示とともに，2008年3月期業績予想の下方修正の開示も行っているが，過年度決算訂正と当期の業績予想の下方修正は，当期における当期以降の工事損益の悪化の把握を基点として，それぞれ別個の過程を経て行われるものであって，客観的な事実の経過としても，過年度決算訂正が行われることによって当期の業績予想の下方修正が行われたものではない。したがって，本件虚偽記載がなければ，本件業績予想の下方修正の開示が行われなかったという関係にはなく，両者の間には相当因果関係はないと被告は主張した。

そして，被告は証拠として，当期の業績予想の下方修正による値下りは他事情値下りであること等を内容とする弥永真生教授の意見書や，業績予想修正の開示による株価値下り分は他事情によって生じた損害に該当しうること等を述べる神田秀樹教授の意見書を提出している。

また，仮に，原告が主張する方法で業績予想の下方修正に対する過年度決算訂正の影響額を試算すると，営業利益ベースで約123億円（約144億円と約21億円の差分）であり，過年度決算訂正（302億円）および本件業績予想の下方修正（550億円）を同時に公表したことによる被告株式の値下り分から，他事情値下りとして控除する割合は，少なくとも50.1％は存在すると考えられる

((550億円−123億円)÷(302億円+550億円)≒50.1％)と予備的に主張した。

③ 争点に対する裁判所の判断

第1審判決は，一般に，株価は，その会社の業績予想の下方修正の公表によっても下降することがあり得るのであって，しかも，本件業績予想の下方修正は，連結営業利益が570億円も下方修正されるという内容のものであるから，本件虚偽記載との比較においても，本件公表日後の被告株式の値下りは，9月28日付け適時開示（過年度）（本件公表）と9月28日付け適時開示（業績予想）（本件業績予想の下方修正の開示）とがあいまって生じたものとみるのが相当であると判示したうえで，本件業績予想の下方修正の開示による値下りは，本件虚偽記載と相当因果関係のある値下りと評価できないとした。

金商法21条の2第6項を適用し，①本件虚偽記載に係る過大計上（確定時）は約302億円，2008年3月期通期連結営業利益の下方修正額（確定時）は，約550億円であったところ，本件虚偽記載を含めた下方修正額は約850億円となり，これに占める本件業績予想の下方修正額の割合は約3分の2となるから，仮にかかる事情のみによるとすれば，本件業績予想の下方修正の開示に起因する値下り部分は，金商法21条の2第2項の規定により算定される損害額の3分の2程度となること，②工事進行基準を採用する工事のうち，2007年3月期決算の過年度訂正と2008年3月期の業績予想の下方修正の両方を要する工事について，「工事原価総額の見積りの見直しによる増加により，過年度の工事原価総額の見積りを遡って増額修正すれば，当期における工事原価総額の見積りもこれを引き継いで増額修正される」ことがあるところ，これを考慮して業績予想に対する過年度決算訂正の影響額を試算すると，過年度決算訂正（302億円）および本件業績予想の下方修正（550億円）を同時に公表したことによる被告株式の値下り分から，他事情値下りとして控除する割合は，少なくとも50.1％は存在することを，仮定的であれ被告が自認していること，③本件虚偽記載の判明・公表ということ自体の市場に与える影響の大きさ等を考慮して，金商法21条の2第3項により推定される損害から5割の減額を認めた。

【裁判所が認定した損害の範囲（イメージ）】

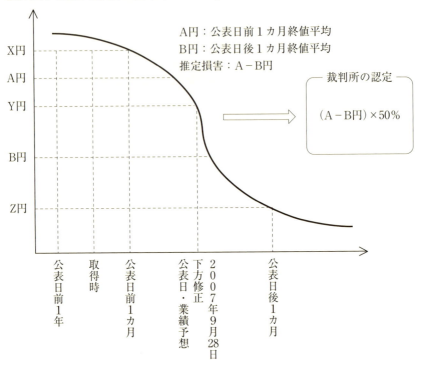

第6節

ニイウスコー事件（東京高判平26・3・26判例集未登載・差戻審）

1　本件の意義

- 虚偽記載の公表と同時に、民事再生手続開始の申立てが行われた事案。
- 虚偽記載がなければ原告が株式を取得した時点で上場廃止となっていたとまでは必ずしも認められない事案において、取得自体損害が肯定された。

　粉飾決算が行われており、虚偽記載に係る事実の公表とともに、民事再生手続開始の申立てを行った事案において、控訴審判決（東京高判平23・4・13金判1374号30頁）、最高裁判決（最判平25・3・26判例集未登載）が取得自体損害を肯定しており、西武鉄道事件最高裁判決のいう「虚偽記載がなければ投資者が株式を取得することはなかったとみるべき場合」を示す一事例として意義を有する。会社側としては、取得自体損害が認められるケースとそうでないケースの境界を判断するうえで、1つの参考になる。

2　事案の経過

(1)　虚偽記載発覚の経緯と民事再生手続開始の申立て

　ニイウスコーは、コンピュータに関する各種ソフトウェアの開発、販売、販売代理等を目的とする会社であり、2002年4月東証第二部に上場し、2003年6月以降は東証第一部に上場していた。

2007年8月29日，ニイウスコーは，2007年6月期事業年度の決算として，事業撤退による多額の特別損失を計上し，純資産額が40億6800万円の債務超過の状態にあったことを公表した。また，同日，毀損した自己資本を回復し，経営刷新により再起を図るために，第三者割当増資を実施すること，および，当該第三者割当増資により自己資本が約160億円となり，自社の再生に向けた財務基盤が整うことになることを公表した。上記各公表を受けて，同年11月1日，ニイウスコー株式は，東証市場第二部に指定替えされた。

2008年2月14日，ニイウスコーは，上記第三者割当増資後，経営陣を刷新し，新経営陣の下で事業内容の精査や資産の再評価などを行っている過程で，過去において不適切な疑いのある取引が行われた可能性が判明し，調査委員会を発足させ，監査法人と共に事実関係の調査・確認を行っている旨公表した。

2008年4月30日，ニイウスコーは，循環取引等による粉飾決算の事実が明らかとなり，有価証券報告書等の内容に虚偽が含まれていたことを公表するとともに，民事再生手続開始の申立てを行った。これにより，同日，同社の発行する株式は，上場廃止が決定され，整理銘柄に指定され，同年6月1日，上場廃止となった。

また，ニイウスコーの完全子会社であるニイウスも，2008年4月30日，その計算書類に虚偽記載があったことを公表するとともに，同日，民事再生手続開始の申立てを行った。

(2) 再生債権の査定申立てと査定異議訴訟

ニイウスコーの個人株主が，2008年10月16日，同社の民事再生手続において，ニイウスコーを相手方として，東京地方裁判所に対して，2005年9月21日以降に取得した本件株式購入代金等相当額である1億5519万8921円の損害賠償債権について査定の申立てをした。

東京地方裁判所は，2009年2月9日，投資家の損害額を586万6020円と査定するとの決定をしたため，2009年3月9日，投資家およびニイウスコー双方が査定異議訴訟を提起した[16]。

---

16 このほか，ニイウスコーの元取締役らに対する損害賠償請求訴訟（東京地判平25・

2010年6月25日，東京地裁は，投資家の債権を559万3200円（1416円×3950株）と査定する旨の判決を言い渡した。投資家が控訴し，2011年4月13日，東京高裁は，本件虚偽記載がなければ投資家は本件株式を購入しなかったと推認するのが相当であるとして，投資家の債権を1億5378万8127円と査定する旨の判決を言い渡した。2011年6月27日，ニイウスコーが上告したところ，2013年3月26日，最高裁は，原審の事実認定を前提として，西武鉄道事件最高裁判決と同様の判示をしたうえで，取得時から虚偽記載の事実の公表までの間の市場価額の下落については，一般的には，有価証券報告書の虚偽記載とは無関係な要因に基づくものであることが多いとみられるから，本件においても取得価額から虚偽記載と無関係な要因による下落分を控除して算定すべきであるとし，投資家に生じた損害額について審理を尽くさせるべく，原審判決を破棄差戻しした。

差戻後控訴審判決においては，最高裁判所の判断枠組みを前提としながら，金商法21条の2第3項により損害を算出するのが相当とする一方，民事再生手続開始申立ての事実等による減額を認めず，投資家の債権を金商法21条の2第3項により算出した693万8400円（1416円×4900株[17]）と査定した。投資家から2014年4月8日，再度，上告・上告受理の申立てがされているが，2015年2月26日，上告棄却・不受理の決定がされている。

7・9判タ1414号365頁），ニイウスコーの会計監査人である監査法人に対する損害賠償請求訴訟（東京地判平26・12・25判例集未登載）が提起されている。後者については，不適切取引による架空在庫の存在が露見しないようにするための対策をニイウスコー社の従業員が行っていたことなどを認定したうえで，監査法人には故意または過失が認められないと判示している。

17　原告が公表日から遡って1年よりも前に購入した株式には，推定損害の規定は適用できないが，差戻後控訴審判決は，原告が公表日から遡って1年よりも前に購入した株式についても，損害の額は明らかではないものの虚偽記載によって損害が生じていることは認められ，その損害額は，民事訴訟法248条により定めることになるが，上記3950株分の株式（推定規定の対象となる株式）と別に算出すべき合理的理由はないから，金商法21条の2第3項の法意を踏まえ，同様の方法により損害額を算定するのが相当であるとしている。

第5章　主要事例の紹介

【事案および訴訟の経過】

年月日	経　　過
2002年4月	東証市場第二部上場。
2003年6月	東証市場第一部上場。
2007年8月29日	2007年6月期決算として，多額の特別損失を計上し，40億6800万円の債務超過の状態にあることを公表。 第三者割当増資の実施により資本増強を図る事実等を公表。
2008年2月14日	過去において不適切な疑いのある取引が行われた可能性が生じた旨，調査委員会を発足させ，監査法人と共に事実関係の調査・確認を行っている旨公表。
2008年4月30日	循環取引等による粉飾決算の事実を公表。 民事再生手続開始の申立て。
2008年6月1日	上場廃止。
2008年10月16日	投資家，再生債権について査定申立て。
2009年2月9日	東京地方裁判所，査定決定。
2009年3月9日	発行会社・投資家，査定異議訴訟提起。
2010年6月25日	第1審判決（東京地判平22・6・25判タ1349号225頁）
2011年4月13日	控訴審判決（東京高判平23・4・13金判1374号30頁）
2013年3月26日	最高裁判決（破棄差戻し）（最判平25・3・26判例集未登載）
2014年3月26日	差戻後控訴審判決（東京高判平26・3・26判例集未登載）
2015年2月26日	上告棄却・不受理決定。

3　主たる争点に係る訴訟当事者の主張立証活動と裁判所の判断─損害額

　本件は，循環取引等による粉飾決算の事案であり，被告（発行会社）[18]も損害論（虚偽記載公表以降の値下りはすべて民事再生開始申立てによるものであること）を中心に主張しているため，虚偽記載の有無については争点とされておらず，損害額が主たる争点となった。なお，本件においては，第1審から差

18　本節にて紹介する訴訟は，発行会社・再生債務者を被告（発行会社），投資家を原告（投資家）と表記する。

戻後控訴審を通じて，人証の取調べはされていない。

①　原告（投資家）の主張立証―取得自体損害等

原告（投資家）は，以下のとおり，①主位的主張として取得自体損害を主張し，予備的主張として②取得時差額損害（2種類の想定価額を主張），および③金商法21条の2第3項に基づく推定損害を主張していた。

①ニイウスコーによる虚偽記載がなければ，(i)業績が低迷し倒産もありうると評価されていたはず，(ii)虚偽記載に基づく上場廃止になっていたはず，(iii)債務超過に基づく上場廃止になっていたはずであり，原告（投資家）が本件株式を取得することはなかったから，本件株式購入代金等相当額が損害となる。

②(i)仮に，原告（投資家）が本件株式を取得したことを前提としても，ニイウスコーは巨額の債務超過状態にあり，債務超過解消に向けた経営努力等が存在したわけではないから，同社の純資産額を基準とすると同社株式の客観的価値は0円であった。そうすると，本件虚偽記載行為等がなければ形成されていたであろう同社株式の価格は，上記客観的価値である0円となる。したがって，有価証券の取得価額から不実開示がなければ形成されたであろう有価証券の価額を控除した額が損害であるとの考え方を前提としても，本件においては，有価証券の取得価額，すなわち，本件株式購入代金等相当額が損害となる。

②(ii)仮に，ニイウスコー株式の客観的価値がゼロでなかったとしても，債務超過であることが初めて明らかにされたニイウスコーの第15期事業年度の決算等が公表された2007年8月29日の翌日である同月30日から同年9月28日までの約1カ月間の同社株式価格は，上記決算等の公表情報を基に形成された価格であると考えられ，この期間の終値の平均値は約8283.5円であった。そして，第13期事業年度から第15期中間会計期間までの同社の訂正後の決算内容（つまり真実の決算内容）は，上記の第15期事業年度の公表された数値よりも悪い数値であった。そうすると，ニイウスコーの真実の経営状態が公表されていたとすれば，2005年9月22日（第13期事業年度の有価証券報告書提出日の翌日）から2007年8月29日までの株価は，上記8283.5円を上回ることはなかったと考えられるから，本件虚偽記載行為等がなければ形成されていたであろうニイウスコー株式の価格はせいぜい8284円であった。したがって，有価証券の取得価額から不実開示がなければ形成されたであろう有価証券の価額を控除した額が損

害であるとの考え方を前提としても，本件においては，少なくとも有価証券の取得価額から8284円を控除した額が1株当たりの損害となる。

③原告（投資家）には，金商法21条の2第3項の推定規定による損害額が生じている。

　　　　　　　　　　＊　　　＊　　　＊

そして，原告（投資家）は，取得自体損害が認められるケースであることを立証するための証拠として，虚偽記載がなければニイウスコー株式は取得しなかったことを述べる原告の陳述書，2008年4月1日から9月末日までの間，原告がニイウスコー株式の取引を行っていないことを示す証券会社の顧客勘定元帳を提出している。

また，虚偽記載を理由として上場廃止決定がなされた事案と比較したうえで，本件は虚偽記載が公表されていれば，上場廃止決定がされていたと主張し，上場規程のほか，他社や東証のプレスリリースを証拠として提出している。

また，ニイウスコーが民事再生手続開始を申し立てていること等による減額の当否に関しては，本件虚偽記載は大規模な粉飾決算であり，民事再生手続開始の申立てなどは通常起こり得る事態といえるから，上記虚偽記載行為とは別の事情として考慮するべきではなく，また，金商法21条の2第5項所定の事情に該当せず，さらに，同条第6項による裁量減額をすべきではないと主張した。

②　被告（発行会社）の主張立証——取得自体損害は認められないこと等

被告（発行会社）は，①本件虚偽記載がなければ，本件株式を取得することはなかったとはいえず，本件株式購入代金等相当額は損害とならない，②(i)2005年10月以降もニイウスコー株式は，市場において時価が形成されていたのであるから，客観的価値が0円であったとはいえない，②(ii)原告（投資家）がニイウスコー株式を取得した各時点における同社株式の最大価値が8284円であったという前提には合理的根拠がないなどと主張した。

具体的には，上記①について，虚偽記載がなければ上場廃止になっていたとは言えないと主張し，仮に被告が債務超過に陥った事実が公表されていたとしても，本件公表と同時に実施している第三者割当増資と同様に資本増強ができたはずであり，1年以内に債務超過は解消されていたことを主張している。

また，②(i)について，債務超過になったため，上場廃止の猶予期間中の銘柄

が存在し，そのような銘柄であっても市場において取引されており，ニイウスコー株式の客観的価値が0円であったとはいえないことを主張している。

そして，①の証拠としては，ニイウスコーが実施した第三者割当増資に関するプレスリリースを証拠として提出している。

また，②(i)の主張に係る証拠としては，上場廃止の猶予期間中の銘柄や取引の存在を示す東証の銘柄一覧や，同銘柄の株価情報に関する資料を提出している。

また，ニイウスコーの株式価格に関し，同社の本件虚偽記載の公表後に下落した分については，上記虚偽記載の事実によるもののほかに，民事再生手続開始の申立ての事実の公表および民事再生手続開始の申立てを上場廃止原因とする東証の上場廃止決定の公表による下落分が多分に含まれているから，原告の主張する損害は，本件虚偽記載とは相当因果関係がないか，または金商法21条の2第5項もしくは6項による減額を認めるべきであると主張した。

そして，日本航空の事案に関し，債務超過の報道がなされた際には，株価の急落はなかったが，法的整理によることの決定がなされたことにより，同社の株価が急落したことを主張し，債務超過の報道に係る新聞記事，会社更生の申立てに係る新聞記事，その際の株価に関する資料（終値の時系列データ）を証拠として提出している。

③　争点に対する裁判所の判断

第1審判決は，取得自体損害を否定し，原告の主張する②の損害にも合理的根拠がないとして，原告の主張する③の金商法21条の2第3項に基づく損害（推定損害）を認めた。そのうえで，民事再生手続開始の申立ての事実による減額は否定した。

控訴審判決は，虚偽記載がなければ，（ア）ニイウスコーは，単に2005年6月期に大幅な損失を計上したというだけでなく，その連結純資産額が約54億円という大幅な債務超過の状態にあることが明らかになっていたこと，（イ）ニイウスコーが2005年6月期の正しい連結財務諸表内容および純資産額を公表していれば，その結果，ニイウスコーが2003年6月に東証1部に上場した直後から虚偽報告を続けている企業であるということも明らかになること，（ウ）その結果，ニイウスコーが3年間にわたり連続して大幅な損失を計上している会

社であり、業績に恒常的な問題を抱える企業であることも明らかになることを指摘したうえで、原告の取得自体損害を肯定した。

最高裁も、本件が取得自体損害が認められるケースであることを前提としたものの、虚偽記載と無関係な要因による下落分を控除して損害を算定すべきであるとし、原告に生じた損害額について審理を尽くさせるべく原審判決を破棄差戻しした。

もっとも、差戻後控訴審判決では、本件虚偽記載は、業績を大きく偽る重大な虚偽記載であり、これによって原告をはじめとする被告の株式取得者が損失を被ったことは否定されないものの、その損失の額は不明というほかなく、金商法21条の2第3項所定の推定規定により算出するのが相当であるとした。そのうえで、推定損害からの減額については、本件虚偽記載がなければ原告（投資家）が本件株式を購入しなかったと認められ、また、相当額の損害を被ったものということができるものの、その額を明らかにできないということであって、株価下落の要因としてニイウスコーの業績悪化が大きく影響していると認められる一方で、その寄与の程度も明らかではなく、虚偽記載によって株価が不当に高額であったことも否定できないのであるから、同条5項または6項による減額を相当とすべきものとは認められないとして、減額を認めなかった。

④　子会社による虚偽記載に係る親会社株主に対する子会社の責任

なお、本件においては、子会社が虚偽の財務諸表を作成した場合において、当該子会社が、親会社の株主に対して、不法行為による損害賠償責任を負うか否かも争点とされており、控訴審判決が以下の事実を認定したうえで、責任を肯定している点も注目に値する。

①ニイウス〔筆者注・ニイウスコーの完全子会社〕が、ニイウスコーの連結対象となる各会社の中でも中枢の地位を占め、ニイウスコーによる虚偽記載の大部分が、ニイウスによる虚偽記載と連動していること、②ニイウスは、自己のした重大な虚偽記載により、ニイウスコーの有価証券報告書等にも重大な虚偽記載がされ、これを見た投資家がニイウスコーの株式を購入して損害を被ることを当然に予見できたことを理由に、子会社の責任を肯定している。

第7節

足利銀行事件（宇都宮地判平23・12・21判時2140号88頁）

1 本件の意義

- 虚偽記載の判断基準が示されたうえで，原告側が主張する会計基準が「唯一の公正なる会計慣行」とはいえないなどとして，虚偽記載の存在が否定された。

　本件は，足利銀行の株主らが，足利銀行ならびに同社の監査法人およびその業務執行社員に対し，有価証券報告書等に虚偽記載（貸倒引当金の過少計上および繰延税金資産の過大計上）があり，足利銀行の経営破たんにより株式が無価値になったとして，損害賠償を請求した事案である。

　本件においては，虚偽記載の有無およびその前提として虚偽記載の判断基準（「公正なる会計慣行」の意義）が主たる争点となり，裁判所は，原告が主張する各基準は，貸倒引当金および繰延税金資産の計上にあたって唯一の公正なる会計慣行ではないとして，虚偽記載の存在を否定した。

　本件は，虚偽記載の判断基準を明示したうえで，原告が主張する各基準が，当該有価証券報告書等の作成時点において，（唯一の）「公正なる会計慣行」とはなっていなかったことを認定し，虚偽記載の存在を否定した判決として意義を有する。問題となっている会計処理の前提となる会計基準が必ずしも（唯一の）「公正なる会計慣行」とはいえない事案において，虚偽記載の存在を争う被告側にとって参考になるものと思われる。

2 事案の経過

(1) 足利銀行の破たん

　足利銀行は，2003年9月から約2カ月にわたり金融庁の検査を受け，2003年11月27日，金融庁から，2002年度末の自己資本がマイナス233億円となる旨の検査結果通知を受けた。そして，足利銀行は，2003年9月中間決算において不良債権処理と，繰延税金資産の全額取崩しにより1,023億円の債務超過となり，2003年11月29日，預金保険機構が同行の株式を取得するとの決定（特別危機管理開始決定）を受け，国有化された。

(2) 訴訟の提起

　本件の原告は，足利銀行が1999年8月および2002年1月に行った増資に応じて株式を取得した株主らが，足利銀行およびその監査法人に対し提訴したものである。

　提訴から第1審判決（宇都宮地判平23・12・21判時2140号88頁）までは約7年4カ月の期間を要し，第1審判決は虚偽記載の事実は認めることができないとして請求を棄却した。これに対して原告が控訴したが，約2年9カ月の期間を経て，控訴が棄却された（判例集未登載）。その後，原告は上告受理申立てを行ったが，上告不受理決定がなされ原審判決が確定した[19]。

---

[19] このほか，①株主から国および監査法人に対する損害賠償請求訴訟，②銀行から元取締役に対する違法配当損害賠償請求訴訟，③銀行から監査法人および元監査役に対する損害賠償請求訴訟が提起されている。①に関し，国に対する訴えについては2005年5月に取り下げられており，監査法人に対する訴えについては，2006年12月に請求が棄却されている（宇都宮地判平18・12・7資料版商事法務275号261頁）。②に関し，2007年9月10日，元取締役らが足利銀行に対し1億3528万円を支払うことで和解が成立した。③に関し，2007年7月2日，元監査役が1200万円，監査法人が2億5000万円を足利銀行に対し支払うことで和解が成立した。

【訴訟の経過】

年月日	経過
2003年11月27日	金融庁，2002年度末の自己資本がマイナス233億円となる旨の検査結果通知
2003年11月29日	特別危機管理開始決定
2004年8月3日	訴訟提起
2011年12月21日	第1審判決（宇都宮地判平23・12・21判時2140号88頁）
2014年9月19日	控訴審判決（東京高判平26・9・19判例集未登載）
2015年10月13日	上告棄却・不受理決定

3 主たる争点に係る訴訟当事者の主張立証活動と裁判所の判断─虚偽記載の有無およびその判断基準

① 原告側の主張立証─虚偽記載の存在（関連訴訟において提出された被告の社内文書等）

原告は，被告足利銀行が貸倒引当金を計上するにあたっては，「資産査定通達」（大蔵省大臣官房金融検査部が1997年3月5日付で発出した「早期是正措置制度導入後の金融検査における資産査定について」と題する通達）等の各基準を遵守すべきであり，繰延税金資産を計上するにあたっては，「税効果会計に係る会計基準」や日本公認会計士協会監査委員会報告第66号等の各基準を遵守すべきであったところ，被告足利銀行の会計処理は，当該各基準に違反しており，虚偽記載が認められると主張した。そして，各貸出先への貸倒引当金および繰延税金資産の計上が，原告が主張する各基準に照らし許容されないものであることを具体的に主張した。

原告は，虚偽記載を立証する証拠として，被告足利銀行が関連訴訟で提出した社内文書（貸倒引当金や繰延税金資産に関連するもの）や陳述書等を謄写し，本件訴訟で虚偽記載を立証する証拠として提出している。

また，2002年3月期の被告足利銀行の資産査定に関する諸問題の内容を示す証拠として，資産査定担当の行員が作成した行内文書[20]も提出された。

さらに，原告は，虚偽記載の存在を立証するため，以下の3つの文書提出命

令を申し立てている。

	相手方	文書の表示	裁判所の判断等
①	被告足利銀行	取締役会議事録，経営会議協議書，債務者ごとの貸倒引当金繰入額，特定の債務者にかかる自己査定ワークシート，金融（監督）庁の検査結果通知，日本銀行の考査結果通知，内部調査報告書等	請求した文書の相当部分について文書提出命令が発出された（取締役会議事録，金融（監督）庁の検査結果通知については却下された）。東京高決平18・3・29金法1788号39頁において抗告が棄却され確定している。
②	被告監査法人	被告監査法人が作成した，被告足利銀行の1999年3月期，2001年3月期，2001年9月期に係る各監査調書	貸倒引当金，繰延税金資産の虚偽記載の有無および，これらに関する被告監査法人の故意・過失の有無に関連する部分についてのみ，文書提出命令が発出された。
③	被告足利銀行	被告監査法人が作成した，1999年3月期，2001年3月期，2001年9月期の各決算期における繰延税金資産計上額算定のための一時差異等解消計画に関する各資料	現存しない資料を除き，文書提出命令が発出された。

② 被告側の主張立証
　　—虚偽記載の不存在（法律専門家（大学教授）の意見書等）

これに対して，被告らは，虚偽記載の要件の1つとして，貸倒引当金または繰延税金資産の計上につき，法令もしくは「企業会計審議会により公表された企業会計の基準」において会計上一定の計上額を導くことができる具体的な会計処理方法が定められていたこと，または，会計上一定の計上額を導くことができる具体的な会計処理方法が各決算期において貸倒引当金または繰延税金資産の計上に係る「唯一」の「公正なる会計慣行」となっていたことが必要であるとしたうえで，原告が主張する各基準（繰延税金資産の計上に係る基準につい

20　原告が被告の行内文書をどのように入手したかは記録上明らかではない。

てはその一部）は，「公正なる会計慣行」には当たらないと主張した。また，貸倒引当金および繰延税金資産の計上が，当時の「公正なる会計慣行」に従って適正に計上されていると主張した。そして，被告足利銀行および被告監査法人は，かかる主張の証拠について，以下のとおり提出している。

　(a)　**被告足利銀行**

　被告足利銀行は，①1999年3月期および2001年9月期における繰延税金資産の計上に関する法的規範，②被告足利銀行による繰延税金資産の計上が違法ではないこと等を内容とする弥永真生教授の意見書を提出している。

　また，被告足利銀行は，虚偽記載の存在を否定するため，同行職員2名（資産査定担当の行員および繰延税金資産の算定業務に携わっていた行員）の人証申請を行い，証人尋問がされている。

　資産査定担当の行員に関し，同人が作成した行内文書は，上記のとおり2002年3月期の被告足利銀行の資産査定に関する諸問題の内容を示す証拠として原告側が提出していたが，当該行員の証人尋問を行い，当該文書作成の趣旨，当該文書の性格，および証人が実際に行った再査定の内容を明らかにすることにより，当該文書をもって，被告足利銀行が作成した有価証券報告書等に虚偽が存在していたとする原告の主張が誤りであることを立証した。

　また，繰延税金資産の算定業務に携わっていた行員の証人尋問によって，一時差異等解消計画の作成過程を明らかにし，原告が提出した同人作成の行内文書の証明力を否定した。

　(b)　**被告監査法人**

　被告監査法人は，1999年3月期および2001年9月期における貸倒引当金および繰延税金資産の計上に関する「公正なる会計慣行」の内容等を立証するため，八田進二教授の意見書を提出している。

　また，前記2のとおり，足利銀行は，2003年9月中間決算において金融庁の検査結果に基づく不良債権処理と，繰延税金資産の全額取崩しにより1023億円の債務超過となり経営破たんしたという経緯があった。そのため，被告監査法人は，1998年3月期決算以降，金融機関の償却・引当に係る制度・解釈・運用は厳格化し，2003年9月期中間期決算における足利銀行の償却・引当や繰延税金資産に係る会計処理の運用は，本件各決算期当時とは比べ物にならないほど

厳格になっていること等を立証するため，中井稔教授の意見書を提出している。

③ 争点に対する裁判所の判断

第1審判決は以下のとおり判示したうえで，原告の主張する各基準（繰延税金資産の計上に係る基準については税効果会計に関する会計基準，税効果会計実務指針および中間実務指針以外の基準）について，唯一の会計慣行であるとはいえないとした。

判決は，原告が提出した被告の行内文書に関し，被告側の主張を認め，「2002年3月期の貸倒引当金の不足を示すものではなく，2001年9月期の貸倒引当金の不足を示すものともいえない」と認定した。

また，判決は，被告監査法人が提出した中井稔教授の意見書に直接は触れていないものの，「1999年3月期以降2003年9月期までには，繰延税金資産の計上に関する会計処理の運用が税効果会計の適用初年度であった1999年3月期と比べ厳格化していたこと」が認定されている。

> 「公正なる会計慣行」は複数存在することがあり得ると考えられるから，それに従わなければ違法になる「公正なる会計慣行」は，唯一のものでなくてはならないと解するのが相当である。そして，従前の慣行と抵触する新たな慣行が成立した場合，新たな慣行が「唯一」のものといえるためには，その抵触する従前の慣行に従った会計処理を確定的に廃止し，例外的な取扱いをしないことが一義的に明確であることが条件の一つとして必要であるというべきであり，そうした一義的明確性に欠けるもの（基準として内容が不明確である場合など）は，唯一の会計慣行には未だなっていないものと解するのが相当である。

さらに，第1審判決は，「被告足利銀行の有価証券報告書等における虚偽記載の有無は，被告足利銀行が同有価証券報告書上において依拠したと明記した各基準に従って，資産の計上が行われたか否かという観点から判断すべきである」との原告の主張を排斥して以下のとおり判示した。

控訴審判決・最高裁判決においても，第1審判決の上記の判断は是認されている。

虚偽記載とは，投資者の投資判断に影響を与えるような基本的事項について真実に合致しない記載があることをいい，その有無については，有価証券報告書等に記載された内容が「公正なる会計慣行」を斟酌し，法令に定められた方法により記載されるべきものに反している否かの観点から実質的に判断すべきである。したがって，仮に財務諸表等の内容が有価証券報告書等に依拠すると記載されている基準に従っていないとしても，当該基準が「公正なる会計慣行」になっていなければ，虚偽記載にあたらないと解すべきである。

第8節

ビックカメラ事件
（東京高判平26・4・24金判1451号8頁）

1 本件の意義

- 株主代表訴訟ではあるが，虚偽記載の存在が否定された。
- 会社側が，会計処理の誤りを前提として，訂正有価証券報告書等の提出等を行っていたにもかかわらず，虚偽記載の存在が否定された。
- SESCが虚偽記載の存在を認定したうえで，課徴金納付命令の発出を勧告し，会社側も審判手続においてこれを争わず，課徴金納付命令が発出され，納付したにもかかわらず，民事訴訟において，虚偽記載の存在が否定された。
- 課徴金納付命令に係る審判手続において，虚偽記載の事実を争わなかったことが，役員としての善管注意義務違反に違反しないとされた。

　本件は，株式会社ビックカメラ（以下「ビックカメラ」という）による不動産流動化に係る会計処理等について役員らに任務懈怠があったとして，同社の株主らが，当該不動産流動化に関与した役員を提訴した株主代表訴訟である。

　本件では，虚偽記載の有無，すなわち不動産流動化に係る会計処理の適法性が主たる争点となり，第1審判決・控訴審判決とも，会計処理の適法性を肯定している（控訴審判決が確定している）。また，付随的に，（本件会計処理を適法とした場合に）課徴金審判手続において，審判事実を争わず，本件課徴金の納付を行ったことが役員の任務懈怠となるか否かも争われ，これについても，第1審判決・控訴審判決とも，役員としての善管注意義務に違反しない旨判示

している。

　本件は，株主代表訴訟ではあるが，①会計処理の適法性（虚偽記載の有無）が正面から争われ，適法性が肯定されていること，②SESCが虚偽表示の存在を認定したうえで課徴金納付命令の発出を勧告し，ビックカメラも課徴金に係る審判手続においてこれを争わず，ビックカメラに対して課徴金納付命令が発出され，課徴金を納付しているにもかかわらず，裁判所が，会計処理が適法であった旨の判断をしていること，③（会計処理が適法である場合に）課徴金に係る審判手続において争わないという役員の判断が，役員としての善管注意義務に違反しないと判断していることなどの点が参考になる。

2　事案の経過

(1)　不動産流動化の実行および終了と会計処理

　ビックカメラは，2002年8月23日，大要以下の内容の不動産流動化（以下「本件流動化」という）を実行した。

① 　信託銀行に対し，同社が所有するビックカメラ池袋本店等の土地建物（以下「本件対象不動産」という）を信託譲渡

② 　ビックカメラが匿名組合出資をしていた有限会社三山マネジメント（以下「三山マネジメント」という）に対し，同信託譲渡に係る信託受益権（以下「本件信託受益権」という）を290億円で譲渡（以下「本件信託受益権の譲渡」という）

　ビックカメラは，本件信託受益権の譲渡を『売却取引』として認識し，その旨の会計処理（以下「本件オフバランス処理」という）をした。

　ビックカメラは，2007年10月，三山マネジメントから本件信託受益権を買い戻すことにより本件流動化を終了させた。

　その際，ビックカメラが三山マネジメントに対し匿名組合出資をしていたため，三山マネジメントから匿名組合清算配当金49億2000万円（以下「本件匿名組合清算配当金」という）の支払を受け，これを2008年2月中間期および2008年8月期に，特別利益として計上した（以下「本件利益計上」といい，本件オフバランス処理と併せて「本件会計処理」という）。

ビックカメラは，上記の内容を前提とした2008年8月期の有価証券報告書等を提出するとともに，法人税の確定申告（以下「本件確定申告」という）をした。

(2) 虚偽記載の発覚・訂正の経緯

2007年7月頃，三山マネジメントに対する出資者の1人である豊島企画（同社にはビックカメラも出資をしていた）に対する国税局による税務調査の中で，本件会計処理の適否についても調査がされた。最終的に，国税局が，本件会計処理自体について修正を求めることはなかったものの，本件に関連する他の取引について，2008年7月頃，追徴課税がなされた。

上記追徴課税に係る報道等を受けて，SESCは，2008年12月2日，ビックカメラへの立入検査を行った結果，本件会計処理を認めず，財務諸表の訂正が必要である旨の行政指導を行った。

ビックカメラは，SESCによる行政指導を受けて，2002年8月期に遡って本件信託受益権の譲渡を「金融取引」として認識し本件会計処理を取り消すこと等を内容とする過年度決算の自主訂正（以下「本件決算訂正」という）を行い，2009年2月20日，これを踏まえた上記有価証券報告書等の訂正報告書等を提出した。

また，金融庁長官により，上記有価証券報告書等に虚偽記載があったことなどを理由として，課徴金2億5353万円（以下「本件課徴金」という）の納付命令を受け，ビックカメラはこれを納付した。

なお，ビックカメラの役員について，同人が所有するビックカメラ株式の売出しに際し交付した（上記有価証券報告書等を参照書類とする）目論見書に虚偽記載があったとして，課徴金審判手続が係属していたが，同課徴金については，審判手続において審判事実が争われ，当該役員は目論見書に虚偽記載がされていることを知らなかったとして，違反事実がない旨の決定がされている（虚偽記載の有無については判断がされていない）。

(3) 株主代表訴訟の提起および提訴後の経緯

上記に関し，ビックカメラの株主が，株主代表訴訟として，主位的に，①本

件会計処理について役員の任務懈怠があったと主張して，本件流動化の実行時および終了時にそれぞれ取締役または監査役であった者に対し，会社法423条1項（旧商法266条1項5号）による損害賠償請求権に基づき，22億5353万円（本件課徴金2億5353万円相当額と本件確定申告により過大に納付した法人税等20億円相当額の合計）をビックカメラに支払うことを求めた（ビックカメラは被告役員に補助参加をしている）。

また，予備的に，ビックカメラにおいて本件課徴金の納付の意思決定をしたことに任務懈怠があったと主張して，当該意思決定当時取締役または監査役であった者に対し，会社法423条1項による損害賠償請求権に基づき，2億5353万円（本件課徴金相当額）をビックカメラに支払うことを求めた。

提訴から約3年10カ月の期間を経て，原告の請求を棄却する第1審判決（東京地判平25・12・26金判1451号17頁）がされた。これに対して，原告が控訴したが，約3カ月の期間を経て，控訴を棄却する控訴審判決（東京高判平26・4・24金判1451号8頁）が出され，同判決が確定した。

【訴訟の経過】

年月日	経　過
2002年8月23日	本件流動化の実行。本件流動化に係る本件信託受益権の譲渡を「売却取引」として認識し，その旨の会計処理を実施。
2007年10月	本件流動化終了。本件匿名組合清算配当金を特別利益として計上。
2008年7月頃	本件流動化に関連する他の取引について，追徴課税。
2008年12月2日	SESCがビックカメラへの立入検査を実施。本件会計処理が認められず，財務諸表の訂正が必要である旨の行政指導を実施。
2009年2月20日	過年度決算の自主訂正等を実施。
2010年2月2日	株主による訴訟提起（株主代表訴訟）。
2010年3月2日	ビックカメラに対する訴訟告知。
2010年5月10日	ビックカメラによる補助参加申出。
2013年12月26日	第1審判決（東京地判平25・12・26金判1451号17頁）
2014年4月24日	控訴審判決（確定）（東京高判平26・4・24金判1451号8頁）

3 主たる争点に係る訴訟当事者の主張立証活動と裁判所の判断

(1) 不動産流動化に係る会計処理の適法性──「売却取引」か「金融取引」か

　本件においては，本件会計処理が，日本公認会計士協会が2000年7月31日付で公表した「特別目的会社を活用した不動産の流動化に係る譲渡人の会計処理に関する実務指針」（会計制度委員会報告第15号）（以下「流動化実務指針」という）に適合し，適法といえるか否かが中心的な争点となった。

　① 原告側の主張立証──虚偽記載が存在すること

　原告は，下記(i)ないし(iii)のとおり，被告が虚偽記載を前提とした行為を行っていること，金融庁が虚偽記載の事実を認定していること，被告による会計処理が会計基準に違反していること等を主張し，かかる主張を裏付ける証拠を提出している。原告の主張としては，被告による会計処理が会計基準に違反しているとの点が中心となるが，訴訟の初期の段階では，被告の公表資料等に基づき，被告が虚偽記載を前提とした行為を行っていること，金融庁が虚偽記載の事実を認定していること等の主張を行っている。

　　(a) 被告が虚偽記載を前提とした行為を行っていること──決算訂正に関するプレスリリース，調査委員会の調査報告書等

　原告は，被告自身が本件信託受益権の譲渡を金融取引として認識すべきであったと認めて本件決算訂正等をしていることを主張して，ビックカメラのプレスリリースや訂正報告書，「実務指針によれば，本件証券化の会計処理として売却処理は認められず，ビックカメラによる金融取引として会計処理されるべきであったということになる」こと等を内容とする同社調査委員会作成の調査報告書を証拠として提出している。

　当該調査報告書については，概要版のみが公表されていたため，提訴当初においては，概要版を証拠として提出していたが，原告は，当該調査報告書の全体版について文書提出命令の申立てを行っており，裁判所より文書提出命令が発出されている。原告は，かかる文書提出命令により取得した調査報告書の全

体版を証拠として提出している。

(b) 金融庁が虚偽記載の事実を認定していること―課徴金納付命令の決定書等

原告は，本件会計処理が流動化実務指針に反し違法であることは，金融庁により認定されていると主張し，課徴金納付命令の決定書等を証拠として提出している。

第１審において，原告から，金融庁が所持する「本件訴訟の被告のうち１名を被審人とする金融庁平成21年度（判）第14号金融商品取引法違反審判事件の記録のうち，別紙記載の証拠資料」について，文書送付嘱託の申し出がされ，採用されている。具体的には，当該審判事件における甲号証，乙号証のうち一部ならびに参考人審問調書一切および被審人審問調書一切が要求されている。

これに対しては，金融庁は，文書送付嘱託に係る文書を送付しないとの回答をしたため，文書送付嘱託の申し出に係る文書等は最終的に訴訟に提出されていない。

(c) 被告による会計処理が会計基準に違反していること―公認会計士の意見書，会計士・経理・財務担当取締役の人証等

原告は，本件流動化に係るスキームは，売却取引として処理することはできず，金融取引として処理すべきであったと主張し，当該主張を裏付ける公認会計士の意見書を証拠として提出している。

また，本件流動化の実行・終了時に財務・会計上のアドバイスを行っていた監査法人の公認会計士，本件流動化実行時の経理・財務担当取締役であった者の人証申請がされ（なお，これらの人証申請は，被告からもされている），証人尋問が実施されている。

② 被告側の主張立証―虚偽記載は存在しないこと

(a) 虚偽記載発覚後の被告の行為は虚偽記載を前提としたものではないこと―新聞報道等

被告は，虚偽記載発覚後の被告の行為は，上場廃止を回避し，本件決算訂正をめぐる問題を収束させるために経営上の判断として行われたものであること，ビックカメラ株式が監理銘柄に指定されたことにより，市場関係者やインターネット上で信用不安が取り沙汰されたこと，上場廃止を回避して，信頼回復を

図ることが最重要課題となっていたこと等を主張し，上記内容に沿う新聞報道等を証拠として提出している。

　　(b)　被告による会計処理が会計基準に違反していないこと―法律専門家（大学教授）の意見書・取引実行時の専門家とのやりとり等

　被告は，本件会計処理は流動化実務指針に反しないと主張し，本件会計処理が適法であることを述べた弥永真生教授作成の意見書を証拠として提出している。

　また，被告は，原告が提出した公認会計士作成の意見書に対し，当該公認会計士が原告（公認会計士）と同一の監査法人の業務執行社員であることを示す有価証券報告書等を提出し，その証明力を弾劾している（なお，当該原告提出の意見書は，判決文において，事実認定の証拠としては引用されていない）。

　この他，本件オフバランス処理が問題ない旨述べた専門家のメールを証拠として提出している（ビックカメラは，本件オフバランス処理が是認されるか否かについて，ビックカメラの会計監査人であった監査法人や本件流動化にあたって助言を得ていた法律事務所の弁護士および弁護士兼公認会計士に対して照会を行い，問題ない旨回答を受けていた）。

　③　争点に対する裁判所の判断

　第1審判決は，ビックカメラによる本件会計処理が，流動化実務指針上許容されていることを認定したうえで，本件会計処理の適法性を認めた。

　第1審判決は，本件流動化の実行・終了時に財務・会計上のアドバイスを行っていた監査法人の公認会計士や，本件流動化にあたって助言を得ていた法律事務所の弁護士および弁護士兼公認会計士等複数の専門家が本件会計処理について問題ないと考えていたことが，結論に至る理由の1つとして挙げている。

　また，ビックカメラが虚偽記載を前提とした行動を積み重ねてきているとの原告の主張に対しては，第1審判決は，以下のとおり述べて，ビックカメラが法律上の判断としても本件会計処理の違法性を認めたものとは言えないとした（なお，上場廃止を回避し，本件決算訂正をめぐる問題を収束させるために経営上の判断として行われたものであるとの認定については，後記のとおり原告が提出していた被告の取締役会議事録および経営会議議事録を引用している）。

> 本件会社の上記各行動（注：本件会社自身が，2009年2月に調査委員会の調査報告により本件流動化については金融取引として処理されるべきであった旨公衆に開示するとともに，これを前提として本件有価証券報告書等の訂正報告書および訂正届出書を関東財務局に提出し，同年4月には東京証券取引所に上記と同趣旨の改善報告書を提出し，さらには同年7月の本件課徴金の納付命令に一切の異をとどめず，本件課徴金を納付しているように，金融取引であることを認め，それを前提とした行動を積み重ねてきていること）は，上場廃止を回避し，本件決算訂正をめぐる問題を収束させるために経営上の判断として行われたものであることは前記認定のとおりであり，本件会社が法律上の判断としても本件会計処理の違法性を認めたものとはいえない。また，そもそも本件会計処理の適法性は，最終的には，本件流動化の内容，仕組み等から客観的に判断されるべきものであって，本件会社が違法性を認める行動を取っていたか否かによって判断が左右されるものでもない。

(2) 課徴金納付に係る意思決定の適法性

本件では，（本件会計処理を適法とした場合に）課徴金納付手続において，審判事実を争わず，本件課徴金の納付を行ったことが，役員としての善管注意義務に違反するか否かも争点となった。

① 原告側の主張立証

原告は，当時のビックカメラ役員に，本件課徴金に係る審判事実を争う義務があったと主張し，これを裏付ける証拠としてビックカメラの取締役会議事録や，課徴金を争うべきである旨の発言があったことを内容とする経営会議議事録を提出している[21]。

② 被告側の主張立証

被告は，ビックカメラの状況に鑑み，上場廃止を回避するためには認めざるを得なかった旨を主張するとともに，これを裏付ける証拠として取締役が訴訟

---

21 原告が被告の取締役会議事録および経営会議議事録をどのように入手したかは記録上明らかではない。

提起を行わないと判断した場合に善管注意義務違反があったというためには，当該判断時点において，少なくとも，勝訴しうる高度の蓋然性があったことなどが立証される必要があること等を記載した文献（法律雑誌）などを提出している。

③　争点に対する裁判所の判断

第1審判決は，次のような点を指摘したうえで，ビックカメラの判断は経営判断として不合理とは言えないと判断し，控訴審判決もかかる判断を是認している。

すなわち，①ビックカメラ株式が東京証券取引所から監理銘柄に指定され，これに伴い本件会社の株価は大きく下落し，ビックカメラの信用に関する報道がされていた頃から間もない時期であって，このような状況の中，ビックカメラが従前の態度を翻し本件審判事実を争った場合，これに対する世間の評価を予測することは困難であり，本件審判事実を争うことによるビックカメラに対する社会的評価や信用の低下を懸念することも不合理ではない。

また，②本件においては，本件会計処理が違法であるとの見解も成り立ち得るものといえ，この点については見解の分かれ得る問題であると解されるところ，本件課徴金に係る意思決定の当時において，本件審判手続でビックカメラが本件審判事実を争うことにより本件会計処理が違法である旨のSESCの判断が覆るか否かの予測を正確に行うことは極めて困難であったと考えられる。これに加えて，本件課徴金の金額（2億5353万円）にも鑑みると，ビックカメラやその株主等にとって，本件審判事実を争うことにより本件課徴金の支払を免れることを目指すことと，本件審判事実を争わず本件課徴金を支払うことにより本件決算訂正をめぐる問題を早期に終結させることのどちらの方法が利益となるのかについては，一義的に判断し得るものではなく，後者の方法を選択するとの判断にも相応の合理性が認められる。

第6章

関連問題・周辺問題

　第2章から第5章までででは，発行会社が有価証券報告書等につき虚偽記載を行った場合に，当該虚偽記載によって損失を被った投資家が発行会社その他の関係者に対して民事責任を追及する際に問題となる主要な実体法上の論点について解説した。

　もっとも，虚偽記載が問題となる事案においては，民事責任に関する実体法上の論点そのものではないものの，民事責任の追及に伴ってあるいはこれと並行して問題となることが多い一連の問題群が存在している。

　そこで，本章では，虚偽記載が問題となる事案において，発行会社や投資家がしばしば検討を要することになる関連問題・周辺問題のうち，これまでの章で触れてこなかったものについて順次解説する。

第1節 金融庁・証券取引等監視委員会の調査

1 問題の所在

　有価証券報告書等の虚偽記載が社会一般に公表される端緒としては，自主訂正，内部告発，会計監査人による発見等もあるが，なんといっても重要なのは証券取引等監視委員会（以下「SESC」という）の調査である。そこで，本節ではSESCの調査の実情を概説したあと，SESCの調査が後の証券訴訟に与える影響を，①SESCが作成した文書について文書提出命令が行われる際の留意点，②SESCが認定した虚偽記載を後の民事訴訟で覆すことは可能かという2つの切り口から解説する。

2 調査の実情

　開示規制違反について，刑事責任の追及を目的とした調査（犯則調査）は，通常，SESCの特別調査課が開始する。他方，行政処分（課徴金納付命令）を課すための検査（開示検査）を実施するのはSESCの開示検査課である。
　課徴金制度が導入された平成17年以降の開示検査，犯則調査に関する件数は以下のとおりである。刑事事件として立件するため証拠収集の負担の重い犯則調査と比較して，開示検査が幅広く活用されていることがわかる。

事務年度（平成）	17	18	19	20	21	22	23	24	25	26	27
開示検査の終了件数（平17は実施件数）	22	—	—	—	23	33	27	37	34	18	17
課徴金納付命令に関する勧告（虚偽記載等）	0	5	10	12	10	19	11	9	9	8	6
訂正報告書等の提出命令に関する勧告	1	1	0	0	0	0	0	1	1	0	0
勧告は行わなかったものの自発的訂正を促した件数	10	—	—	—	1	3	1	4	3	2	3
犯則事件の告発 ※括弧内が虚偽記載等に関する告発件数	11(4)	13(1)	10(2)	13(2)	17(4)	8(1)	15(4)	7(4)	3(0)	6(2)	8(3)

（注）　SESC公表資料に基づき作成。

　開示検査の結果，開示書類の重要な事項につき虚偽記載が認められた場合には，SESCは金融庁長官に対して課徴金納付命令を発令するよう勧告を行う。また，開示検査の過程で自主的な訂正を促したものの，訂正を行わない会社に対しては，訂正報告書等の提出命令を発令するよう勧告する。さらに，開示検査の結果，「重要な事項」についての虚偽記載とまでは認められなかった場合でも，有価証券報告書等の訂正が望ましいと判断した場合には自発的に訂正するよう促すこともある。

　開示検査に関する検査権限は金商法26条に定められており，権限行使の主体は内閣総理大臣と規定されているが，内閣総理大臣から金融庁長官へ，さらに金融庁長官からSESCに再委任されている（金商法194条の7第1項・3項，同法施行令38条の2第1項）。

　開示検査では，関係者に対する報告・資料の提出命令や会社の事務所への立入検査などが行われる。これらは，刑事事件における逮捕手続や捜索差押手続とは異なり，対象者の意思に反して行うことはできない。もっとも，検査に対して拒否したり妨害したりした場合には，6月以下の懲役もしくは50万円以下の罰金またはその併科という刑事罰の対象となる（金商法205条6号）。このため，事実上，検査を拒むことは困難である。

調査等を受ける発行会社等からすれば，調査が刑事責任追及のために行われるものか行政処分のために行われるものかは，調査等の開始当初の重大な関心事の1つであるが，会社を訪れた調査官が特別調査課の所属か開示検査課の所属で，どちらを目的とするものかがわかることになる。ただし，オリンパス事件（第1章第2節③参照）のように当初は開示検査が行われ課徴金納付命令が課され，その後，犯則調査により刑事事件として起訴もされる事件や，当初のSESCの見込みでは課徴金納付命令相当の事案であると判断され開示検査が行われたものの，その後，事案の悪質性が明らかとなり犯則調査に移行する事件なども考えられる。開示検査を先行させる運用は，ライブドア事件の際，ライブドアに対して当初より強制捜査が実施され，これがセンセーショナルに報道された結果，同社に限らず新興IT関連企業全体の株価が大幅に下落したいわゆるライブドアショックなどの経験を経て，SESCがより慎重に犯則調査に着手するようになった結果ともいわれている。

なお，近時，企業の不祥事に際して，会社と利害関係のない外部の弁護士，会計士等の専門家で構成される外部委員会（第三者委員会）が調査を実施し，不祥事に関する事実関係の調査および原因究明，再発防止策の策定を行うプラクティスが定着しつつある。開示検査の場面においても，SESCの立入検査の結果，重要な事項に関する虚偽記載が存在することを会社が認識した場合，こうした外部委員会を設置して調査を行い，当該調査の結果を踏まえて自主訂正を行うことが多くなってきている。こうした事案では，SESCは外部委員会の調査および自主訂正を待って，当該調査および訂正が適正に行われているか否かを確認したうえで課徴金勧告を行うことが多い。

SESCの開示検査により虚偽記載が発覚した場合に想定される典型的な事態の推移を図示すると以下のとおりである。

【参考　SESCによる調査とその後の流れ（典型例）】

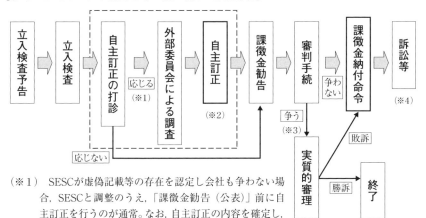

（※1）　SESCが虚偽記載等の存在を認定し会社も争わない場合，SESCと調整のうえ，「課徴金勧告（公表）」前に自主訂正を行うのが通常。なお，自主訂正の内容を確定し，かつ，調査の網羅性を確保するため，（SESCの意向を踏まえ）外部委員会を設置し，調査を行うケースが多い。
（※2）　自主訂正時，証券取引所からは，①特設注意市場銘柄への指定，②上場契約違約金の請求，③改善報告書の徴求等が行われる場合がある。
（※3）　実際に，SESCの認定を争う事案はごくわずかである（後記4参照）。
（※4）　金商法に基づく株主からの損害賠償請求訴訟，株主代表訴訟，（単独決算の訂正額によっては）配当に伴う期末欠損填補責任の発生等，課徴金納付命令を争う場合は，行政処分の取消訴訟。

3　SESC等が作成した文書について文書提出命令が行われる際の留意点

(1)　問題の所在

　証券訴訟においては，捜査機関が取得または作成した捜査資料が有力な証拠となり得る。なかでも，SESCが作成し，SESC内部での事件処理に使用される検査報告書は，会社や関係者からのヒアリング事項や検査の内容，課徴金を課す旨の勧告を行うにあたってSESC内部で検討した過程や検討結果が記載されている。したがって，これをそのままの形で入手できれば証券訴訟の原告と

なる投資家にとっては非常に有益な資料となる反面，被告となる企業にとっては致命的となる可能性がある。

検査報告書は，上記のとおり行政庁の内部文書であり，原則として非公開であるが，裁判所の文書提出命令が発令された場合には，文書提出命令が優先し，訴訟に提出されることとなる。また，1件の訴訟で文書提出命令が認められれば，閲覧・謄写制度を通じて，他の訴訟にも証拠として流用される可能性もある。

このように，検査報告書は，単に課徴金納付命令発令のための内部文書ということにとどまらず，証券訴訟の関係でも非常に重要な意味を持つことから，果たして文書提出命令の対象となるのか，また，文章提出命令の対象となりうることを前提に，会社としては検査対応においてどのような点に留意するべきなのかにつき以下で検討する。

なお，行政機関が所持する文書を原告となる投資家が入手するための制度としては，他に情報公開請求（行政機関の保有する情報の公開に関する法律3条），裁判所からの文書送付嘱託（民訴法226条），弁護士法23条に基づく弁護士会からの照会などがあるが，本項目では，強制力等の点で最も有効な手段と考えられる文書提出命令[1]に限定して検討することとする。

(2) SESCに対する文書提出命令申立手続の概略

証券訴訟において，原告株主から，開示書類の「重要な虚偽の記載」を立証するため，当該訴訟との関係では第三者であるSESCに対し，その所持する開示検査に関連する資料（検査報告書等）の提出を求めて，文書提出命令の申立てがされる場合がある。

① 文書提出命令の意義

文書（書証）に対する証拠調べを行うには，文書が裁判所の面前に提出される必要がある。文書提出命令の申立ては，そのための方法の1つであり，当該文書により自己が立証責任を負担している事実を証明しようとする者は，訴訟の相手方または第三者が所持する文書につき，文書提出命令を求める申立てを

---

1 文書提出命令に従わない場合，20万円以下の過料に処せられる（民訴法225条1項）。

することによって，当該文書の証拠調べの申出をすることができる（民訴法219条）。

文書提出命令の申立ては，文書の表示・趣旨・所持者，証明すべき事実，文書の提出義務の原因を明らかにして行うこととされている（同法221条1項）。

② 文書の表示および趣旨の特定の申出

文書提出命令の申立ては，文書の表示および趣旨を明らかにして行うことが必要である（民訴法221条1項）。もっとも，申立人は，SESCによる開示検査等に関連する資料について，具体的にその内容を知らないから，文書提出命令に先立って，裁判所に対し，文書の所持者であるSESCに文書の表示および趣旨を明らかにすることを求めるよう申し出る（民訴法222条1項）ことがある。これを文書特定の申出という。

なお，申立人から文書特定の申出がされないまま，裁判所から文書提出の可否および意見についての照会がされたような場合は，SESCから，裁判所を通じ，書面で文書特定の申出の検討を促すこともあるようである。

こうした申出を受けると，裁判所からは，SESCに対し，文書特定のため，文書の表示・趣旨を明らかにするよう求める照会書が送付されることとなる（民訴法222条2項）。

文書特定のため文書の表示・趣旨を明らかにするよう求める照会書が送付されると，SESCは，回答期限までに，文書の表示・趣旨・作成年月日・分量目安（枚数）を記載した資料リストを作成することになる。

申立人は，文書の表示・趣旨が特定された上記資料リストを元に，検査報告書など特定の文書について，文書提出命令を求めることになる。

③ 文書提出の可否および意見についての裁判所からSESCへの照会
（第三者審尋）

申立人が，文書提出命令を申し立てると，裁判所からSESCに対して，申立人が提出を求める文書について，その提出の可否および意見の照会（第三者審尋）がされる（民訴法223条2項）。

なお，文書の表示・趣旨が特定された後においても，依然として，申立人において，文書提出命令の対象を，当初の申立てにおける場合と同様に，たとえば，「課徴金納付命令の根拠となる違反事実及び課徴金計算の基礎となる事実

を証する資料一切」というように広範囲なまま維持することがある。そのような場合には、探索的証明にあたらないよう、裁判所よりその対象を検査報告書等、個別の文書に限定してするよう指導が行われるのが通常と思われるが、被告としても、その旨を注意喚起すべきである。

裁判所からの意見の照会に対して、SESCでは、検査報告書が民訴法220条4号に定める除外文書に該当するか否かについて検討し、文書提出義務の存否についての意見を回答することになる。具体的には、同号ロ「公務員の職務上の秘密に関する文書でその提出により公共の利益を害し、又は公務の遂行に著しい支障を生ずるおそれがあるもの」に該当するかどうかが問題となる。

過去の事例等によると、SESCからは、①検査報告書の記載内容は、公務員が職務の遂行過程において知ることのできた非公知の事項であって、実質的にもそれを秘密として保護するに値するから、そのような情報で構成される検査報告書は「公務員の職務上の秘密に関する文書」に当たり、②開示検査など課徴金調査は直接強制を伴わない任意調査（間接強制調査）であって、検査忌避等に対する罰則はあるものの実際の適用は悪質な事例に限られるから、その内容が（課徴金納付命令決定に関する審判等の例外を除いて）公開されないという調査対象者の信頼が損なわれると、「公務の遂行に著しい支障を生ずるおそれがある」から、検査報告書について文書提出義務はないといった意見が出されることが通例のようである。

また、予備的に、仮に文書提出命令が発せられるとしても、①個人の氏名、案件名や取引先名など、個人・法人の利害に直接影響がある事項、②検査の端緒、検査経過等（不適正な会計処理が発覚するに至った経緯等も含む）の開示検査手法に関する情報、③発行体の関係者や監査法人に対する質問調査内容を引用している部分などは、将来の調査に支障を生じるおそれが特に大きいとして部分的に非開示を求めることも行われているようである。

④　文書提出命令申立てに対する決定への対応

裁判所は、必要に応じてインカメラ手続（民訴法223条6項。文書が民訴法220条4号イないしニに定める除外文書に該当するかどうかについて判断するため、文書の所持者にその提示をさせ、裁判所のみが当該文書を見るという手続）も活用したうえで、文書提出命令申立てに対する決定をすることになる。

この決定に対して不服がある場合，申立人またはSESCは，決定書の送達を受けた日から1週間以内に即時抗告を行わなければならない（民訴法332条）。
　なお，後記(3)で紹介する実例のとおり，SESCは検査報告書の一部を開示する旨の命令に対して，必ずしも即時抗告を行わないようであるが，かといって，文書提出命令申立事件の基本事件である損害賠償請求事件の被告に過ぎない発行会社等は即時抗告を行うことができない点に留意が必要である。
　文書提出命令を不服として即時抗告をした後，さらに，即時抗告審の判断に不服がある場合は，一定の要件があれば最高裁判所の判断を仰ぐべく特別抗告ないし即時抗告をすることができるが，抗告理由は厳しく制限されている。

(3)　文書提出命令が認められた例

　民事訴訟手続において文書提出命令が申し立てられた場合，裁判所は，訴訟の相手方および利害関係人（この場合はSESC）の意見を聴取したうえで，文書提出命令発令の当否を判断することになる。
　SESCの検査報告書について文書提出命令の当否が争われた事件で公刊物に登載されているものとして，IHI個人投資家集団訴訟における東京地決平成22年5月6日が存在する（高裁において第1審の判断が支持され確定した）。
　同事件では，裁判所は，いわゆるインカメラ手続を実施して検査報告書の内容を確認したうえで，提出命令の対象から，①検査の端緒を記載した部分，②検査の経過を記載した部分，③個人から質問調査において聴取した内容を引用している部分，④課徴金調査の参考人である監査法人関係者に対して行った質問調査の内容を引用している部分，⑤委員会の判断として，課徴金調査の対象としなかったことに関する情報を記載した部分の5項目に関する箇所を文書提出命令の対象から除外したうえで，その他の部分につき，提出命令を発令した。提出命令が認められた箇所は，検査官が関係者からヒアリングした内容をもとに，聴取内容を取捨選択したうえで，分析評価と一体化させて記載した内容などである。
　利害関係人であるSESCからは，文書提出命令が認められると，関係者がヒアリングに応じにくくなり検査に支障が生じること，検査手法が広く公表され，対策を講じる企業が現れてくることなどを理由に，文書提出命令に反対の意見

を提出しており，そのことが一定程度考慮されたものと思われる。

(4) 文書提出命令を見据えた検査対応

上記東京地裁決定でもそうであるように，裁判所は，文書提出命令を一部に限って認めるにあたり，「公務に著しい支障が生じるおそれ」（民訴法220条4号ロ）を判断の際の考慮要素としており，その中で，聴取に応じる関係者が，検査官が，国家公務員法上の守秘義務を負う公務員であることを前提に，聴取に応じており，聴取内容が公表されれば，その信頼が失われることなどを考慮している。

言い換えれば，検査対象となった会社やその役職員の固有の利益は上記の限度で考慮されるにすぎず，文書提出命令により会社，役職員に不利益な供述が（とりわけ，上記のとおり，検査官の分析評価と一体となって）開示され，これが自己に不利な事実認定に用いられる可能性は否定できないところである。

もっとも，SESCの検査に対して，のちの民事訴訟（証券訴訟・株主代表訴訟）のおそれを理由に検査を拒むことはできないし，仮に拒めば検査忌避罪に該当しかねない。したがって，会社および役職員として民事訴訟に対応するために可能なことは限られているが，検査に対して誠実に対応する中でも取りうる策として，半ば当然のことではあるが，①不確かな事実や評価を安易に認めない，②検査官に対してヒアリングに応じる際には，冒頭で，発言が外部に公表されないことを信頼して発言する旨申し伝えて，その旨を検査官が作成する供述調書などにも書き留めてもらうといったことが考えられる。

(5) 他に注意を要する文書

以上では，検査報告書について論じてきたが，文書提出命令との関係で注意を要する文書としては，他に，たとえば次のものが考えられる（必ずしも文書の所持者がSESCであるものに限らない）。いずれも，会社において作成しないといった判断をしたり，内容を操作するといったことは許されない性質の文書であるが，その作成にあたり，将来において民事訴訟の証拠として使用されるおそれがある文書であるということを念頭において，細心の注意を払って作成すべきということはできる。

① 金融商品取引所（証券取引所）に提出する業務改善報告書

　虚偽記載が発覚した際には，上場している金融商品取引所（証券取引所）からも業務改善報告書の提出が求められる。当該報告書には，発行会社自身の虚偽記載に関する認識等を記載することになるから記載ぶりには注意を要する。

② 調査委員会調査報告書

　虚偽記載のおそれの発覚に伴い，社内調査委員会，第三者委員会などの任意の委員会を立ち上げ，調査を行い，過年度決算訂正の要否や必要とした場合の発生原因，再発防止策などを検討するプラクティスが一般的になりつつある。

　こうした調査委員会の報告書は，規模の大きな虚偽記載であれば，そもそも適時開示の対象となるなどして公表されることとなるが，その場合でも従業員の個人名や取引先名などはマスキングされることがあるし，事案によっては要約版の公表や，そもそも公表しないということもありうる。このような場合には，民事訴訟において全文の開示を求めて文書提出命令が申し立てられることがあり得る。

4 SESCが認定した虚偽記載を後の民事訴訟で覆すことは可能か

(1) 問題の所在

　実際に生じている証券訴訟は，その多くが，SESCが課徴金納付命令を課した事案に関するものである。もちろん，民事訴訟（証券訴訟，株主代表訴訟）では，裁判所は独自の立場から虚偽記載の有無を認定するのが建前であるが，その審理では，専門機関であるSESCが課徴金を課したという事実自体が虚偽記載の存在を裏付ける方向で，裁判所の心証に一定の影響を与えることは否定できないように思われる。

　ところで，会社は，SESCが行った虚偽記載の認定を争うことはできるだろうか。理屈の上ではもちろん可能であり，課徴金納付命令勧告後に行われる課徴金審判手続において，金融庁の認定を争い，仮に認定が覆らず課徴金納付命

令が発令されたとしても，行政事件訴訟法に則り取消訴訟を提起し，その中で争うこととなる。

もっとも，実際に争われた実例は極めて乏しく，確認できる限り課徴金制度が導入された平成16年以来，現時点（平成28年11月）までに100件超の課徴金納付命令が発令されている中で，わずか数件程度である。

個々の事案において，会社が課徴金納付命令を争わなかった理由はさまざまであり，端的に争う余地がなかったので争わなかったという事案も多数存在するものと思われる。他方で，争う余地があるものの，金融庁の監督を受けている会計監査人が，会社の会計処理を認めず，その結果，会社において，期末の監査報告書において監査法人からの適正意見が得られなくなる事態を恐れて，経営判断として争わないとの判断をするケースも存在するように思われる（有価証券報告書等が期限内に提出できないこと，不適正意見を受けることは上場廃止事由に該当しうる（東証上場規則601条10号・11号等））。

実際，SESCの認定を争った上記数件は，その内容を仔細に見ると，すでに上場廃止となっており，上場維持に向けた上記のような悩みの生じなかった事案や，虚偽記載の存在は認めて過年度決算訂正には応じた上で，金額の算定方法を争点として争っている事案など特殊なケースがほとんどであって，上場を維持しつつ，過年度決算訂正を行わずにSESCの認定を争っている事案は存在しないようである。

そうすると，SESCによる事実認定には，ほとんどの場合，会社自身の自認およびそれに基づく過年度決算訂正の事実も付随することとなる。のちに会社が民事訴訟の虚偽記載の存在を争う際には，原告から，会社自身が一度は虚偽記載を自認したこととの関係も質されることとなる。

(2) SESCの認定が覆った事案，覆らなかった事案にはどのようなものがあるか

近時，SESCの事実認定やそれに対する会社の自認，過年度決算訂正の意義がその後の民事訴訟において争われた事件として，対照的な次の２つの事件がある。

第1節　金融庁・証券取引等監視委員会の調査

①　三洋電機事件違法配当代表訴訟大阪地裁判決
　　（大阪地判平24・9・28判時2169号104頁）
　同事件において，裁判所は，以下のように判示し，金融庁が課徴金納付命令を発令した事実およびこれを会社が争わなかった事実を，虚偽記載の根拠とすることはできない旨判示している（下線は筆者）。
　「金融庁がした課徴金納付命令は，三洋電機がたやすく事実を認めたことによって審判期日を開くことなく発出されたものであり（金融商品取引法183条2項），金融庁の審判手続において，内閣総理大臣の指定する職員（同法181条2項）と三洋電機の双方当事者が攻撃防御を尽くして，証券取引等監視委員会の勧告した事実の存否を判断したことによって発出されたものではない。すなわち，金融庁の課徴金納付命令は，三洋電機の自認の産物であって，そのような顛末が，三洋電機の企業規模に比べると830万円という課徴金の額が低いことや，当時の三洋電機の背景事情（筆者注：資本構成が変わり，外資系投資家から保守的な会計処理を行うことを強く要請されていたこと等）の影響を受けた可能性を否定できない。そうすると，金融庁が課徴金納付命令を発出したからといって，三洋電機の会計処理が直ちに旧商法に違反するということにはならない。
　したがって，金融庁の上記の処分があったからといって，直ちに三洋電気の会計処理が違法ということはできない。」

②　IHI事件東京地裁判決
　　（東京地判平26・11・27証券取引被害判例セレクト49巻1頁）
　三洋電機違法配当代表訴訟大阪地裁判決と対照的な判断を示したのが，IHI事件東京地裁判決である。同判決において，裁判所は，以下のように判示し，金融庁が課徴金納付命令を発令した事実およびこれを会社が争わず，過年度決算訂正を行った事実を，虚偽記載の重要な根拠と位置付けている（下線は筆者）。
　「2　争点（1）（「虚偽の記載」の有無）について
　……上記各訂正報告書においては，いずれも「コストダウン効果の評価を見直すべき時期や見積原価への織り込み漏れなどの過誤が判明したため」見直しを行ったと記載されている。……上記の過年度決算訂正に至る過程において，被告は，平成19年9月28日付けで，社内調査委員会の調査の結果として……既

223

に過年度決算訂正の可能性があることを具体的に明らかにし，適時開示として公表しているのである。……また，被告が東京証券取引所等に提出した改善報告書（平成20年2月25日）においても，……自ら，総発生原価見通しの見積りに対する慎重さを欠いていたことに言及している。……さらに，証券取引等監視委員会の検査報告書（平成20年6月19日）においては，本件各報告書の訂正の理由として，……社内調査報告書とほぼ同様の事実関係を認定し指摘しているところ，証券取引等監視委員会は，検査報告書等における調査結果を踏まえ，本件各報告書に虚偽の記載があったとの事実を認定した上，課徴金納付命令の勧告を行っている。

　これらに加え，被告は，設立以来，本件に至るまで，財務諸表等について過年度訂正をしたことはなく（証人H（以下「証人H」という。）の証言），そのような状況の中で，上記のような適時開示や社内調査委員会の報告等の被告が正式に作成した書面において過年度決算訂正をする旨を公表した上，金融庁長官による課徴金納付を命ずる決定に基づき，課徴金を国庫に納付しているのである。

　以上のとおり，被告自身が本件各報告書について過年度訂正をしており，その訂正額も極めて大きな額に達していること，社内調査委員会による報告等の被告における調査結果や証券取引等監視委員会による検査報告書において，過年度決算訂正の具体的な理由，更にはその発生原因についても具体的に明らかにされており，しかも，その内容も十分合理的であって終始一貫しており，その内容は信用できること，被告が金融庁長官による課徴金納付命令を自認して多額の課徴金の支払をしていることなどに照らすと，……，本件各報告書には，「虚偽の記載」があったと認めるのが相当である。」

(3)　会社としてとることのできる方策

　三洋電機事件違法配当代表訴訟大阪地裁判決においても，会社は課徴金納付命令を認め，過年度決算を訂正するなど，IHI事件東京地裁判決の事案と大差ない行動をとっている。

　そうであるにもかかわらず，両事件において裁判所の判断は大きく分かれた。もちろん各事案ごとに虚偽記載とされた会計処理に関する事実関係も異なるで

あろうから軽々には比較できないが，三洋電機違法配当代表訴訟大阪地裁判決では，課徴金の額や当時の背景事情からして，経営判断として（会社として真には認めていない）虚偽記載を認めることも不自然ではないと判断されたことが，大きな要因となっているように思われる。

　以上の点を踏まえると，会社としては，金融庁およびSESCに対して課徴金納付命令の前提となる虚偽記載の存在を認める場合には，後にこの事実自体を民事訴訟において投資家に有利に使われないよう，結論として，課徴金納付命令を認めるとしても，その理由を曖昧にせず，真に虚偽記載が存在したと自認して応じるのか，自社としては争う余地があると考えているものの，経営判断上の理由からやむなく応じるのかといった点につき，取締役会等の会議体で十分議論のうえ，これを議事録等の形で証拠として残しておくことが重要である。

第2節

適時開示の虚偽記載

1　問題の所在

　上場会社は，金商法上の開示義務の他，金融商品取引所（証券取引所）が定める上場規則によっても，自社が発行する有価証券につき，一定の情報を開示することが義務付けられている。たとえば，東京証券取引所の有価証券上場規程402条および403条の適時開示義務，403条の決算短信の開示義務等がこれに当たる。

　そこで，適時開示等に虚偽記載があったことにより損害を被った投資家が，どのような場合に損害賠償請求を行うことができるかが問題となる。

2　適時開示等の虚偽記載に関する損害賠償請求

　前章までで検討した金商法に基づく法定開示の場合と異なり，適時開示等については，当然のことながら金商法上の民事責任の規定は適用されない。しかし，適時開示等が行われる情報も，投資家の投資判断に重要な影響を与える点では法定開示と異ならない。したがって，この場合にも，積極的に虚偽の開示を行った場合など一定の要件の下で，発行会社には，投資家の被った損害について，民法709条の不法行為による損害賠償責任が発生するものと解される[2]。また，同様に，発行会社の役員等には，民法709条，会社法350条，429条等の

2　神崎克郎＝志谷匡史＝川口恭弘『金融商品取引法』（青林書院，2012年）424頁，黒沼悦郎『金融商品取引法』（有斐閣，2016年）245頁。

一般規定に基づき損害賠償責任が発生するものと解される。

　この点が争われた裁判例としては，ライブドア事件個人投資家訴訟（東京地判平21・5・21判時2047号36頁）がある。同裁判例では，ライブドアの子会社であるライブドアマーケティングが，有価証券報告書の虚偽記載とは別途行った適時開示の虚偽記載（マネーライフ社の完全子会社化につき虚偽の適時開示をしていたこと）について，ライブドアマーケティングの代表取締役が注意義務を怠って虚偽の公表をさせたことを理由に会社法350条の責任を，同社の取締役兼ライブドアの代表取締役であった者について，取締役として配慮すべき義務を怠ったとして不法行為責任を，さらに，かかる不法行為が親会社であるライブドアの代表者としての「職務を行うことについて」されたとして，ライブドアに対しても会社法350条の責任を，それぞれ認めている。

第6章 関連問題・周辺問題

第3節

D&O保険，企業情報開示危険補償特約

1 問題の所在

　有価証券報告書等の虚偽記載により発行会社やその役員が負う可能性のある損害は莫大な金額となるため，保険の果たす役割は重要である。本節では，虚偽記載に起因して役員が損害賠償責任を負う場合に備えた保険であるD&O保険およびこれに特約として付帯することのある会社を被保険者とする企業情報開示危険補償特約について概説する。

2 D&O保険

　D&O保険（会社役員賠償責任保険）は，会社の役員（子会社の役員を含む場合もある）が，役員の業務として行った行為によって，保険期間中に損害賠償請求を受けた場合に，役員（被保険者）が法律上の損害賠償責任を負担することによって被る損害に対して，保険金を支払う保険をいう。近時は，上場会社の8～9割が加入しているともいわれている。株主代表訴訟とセットで議論されることが多いが，株主代表訴訟に関するリスクだけをカバーするものではなく，より広く「役員の業務として行った行為」についてカバーするものである。ただし，通常は，すべての責任をカバーするものではなく，保険金支払免責事由とされている損害賠償責任（たとえば，役員の故意または重過失により生じた責任）もあり，また，免責金額，限度額等の制約があるため，保険契約の内容をよく理解した上で利用する必要がある。

　なお，実務上，D&O保険の保険料は会社が負担するのが一般的であるが，

この場合，株主代表訴訟で役員が敗訴して損害賠償責任を負担する場合の危険を担保する部分（株主代表訴訟敗訴時担保部分）を保険対象に含める旨の特約（株主代表訴訟担保特約）に対応する保険料については，会社から役員に対して経済的利益の供与があったものとして給与課税の対象と解されてきた。もっとも，この点については，近時，経済産業省の研究会であるコーポレート・ガバナンス・システムの在り方に関する研究会が取りまとめた報告書「コーポレート・ガバナンスの実践～企業価値向上に向けたインセンティブと改革～」（平成27年7月24日公表）において，①取締役会の承認，②社外取締役が過半数の構成員である任意の委員会の同意または社外取締役全員の同意の取得の2要件を満たせば，給与課税は不要との見解が示され，国税庁もこの見解を是認するに至った（国税庁「新たな会社役員賠償責任保険の保険料の税務上の取り扱いについて」平成28年2月24日公表）。

虚偽記載との関係では，投資家から，投資家個人に生じた損害について役員に対する個人責任を追及する訴訟が提起され，責任が認められた場合の損害賠償責任，株主代表訴訟を通じて請求される会社固有の損害（有価証券報告書等の過年度訂正に要した費用，虚偽記載を理由に納付した課徴金，調査委員会を設置し調査した際の調査費用等）に関する損害賠償責任，弁護士費用等を填補する機能を持つ。

なお，虚偽記載を行った過去の経営陣に対して，会社自身が損害賠償請求を行う場合のように，会社が役員を訴える場合には，お手盛りの危険があることから，保険の適用対象外とする商品が従来は一般的であった。しかし，東京証券取引所が2015年6月に導入したコーポレートガバナンス・コードが2人以上の社外取締役の選任を求めており，そうした社外取締役の候補者からのニーズが高かったことなどを受け，近時は，会社が役員に対して損害賠償請求を行う場合にも保険の適用対象とする新商品が現れつつあるようである。

3　企業情報開示危険補償特約

D&O保険は役員の損害に対する保険であるが，この特約として企業情報開示危険補償特約などの名称で，会社自身の損害が填補されることがある。典型

的には，企業の開示書類の記載不備に起因して有価証券の保有者から損害賠償請求をされた場合に，発行者が負う損害賠償金や争訟費用・示談交渉費用を補償するものである。

第4節

管轄・事務分配

1 被告の普通裁判籍・義務履行地

　証券訴訟を提起する投資家，とりわけ個人投資家は全国に存在する。多数の個人投資家が，各地で訴訟を提起すれば，それだけ被告となる上場会社にとっては応訴の負担が大きくなることから，管轄に関する考え方が重要となる。

　裁判管轄は，まず，「被告の普通裁判籍の所在地」（民訴法4条1項）に認められる。法人の普通裁判籍は，原則として「主たる事務所又は営業所」に認められるとされている（同条4項）。これは，実際に，主たる事務所または営業所として使用されている場所を指すが，登記されていない場合には善意の第三者に対抗できないので（会社法908条），結局，被告の登記上の本店所在地において提訴できることとなる。

　次に，証券訴訟は財産権上の訴えに当たるから，「義務履行地」にも管轄が認められる（民訴法5条1号）。証券訴訟で争われる請求権については，弁済すべき場所につき別段の意思表示はないことから，持参債務（民法484条）になるものと解され，原告の現在の住所地が義務履行地となる。

　また，不法行為に関する訴えであることから，「不法行為があった地」（民訴法5条9号），すなわち，加害行為地と損害発生地にも管轄が認められることとなる。証券訴訟において，加害行為地と損害発生地がどこであるかは難しいが，少なくとも，被告が虚偽を含む開示書類を提出した場所（多くの場合，被告の本店所在地と一致しよう）と，原告が虚偽記載を知らずに被告にかかる有価証券等の購入の意思決定を行った場所（多くの場合，原告の住所地と一致しよう）は含まれることになろう。

さらに，複数の原告が共同で訴訟を提起する場合，そのうちの1人の請求について，裁判籍が認められれば，他の者も当該裁判籍に基づき決定される管轄裁判所に訴えを提起することができる（同法7条）。

以上を要するに，原告は，被告の本店所在地のほか，自らの住所地で提訴することも可能であり，他の原告らと集団で訴訟を提起する場合には，その集団の構成員の裁判籍のうち，当該集団にとって最も便宜なところで訴訟を提起することも可能である。

2 事務分配

東京地裁や大阪地裁といった大規模庁には専門的な訴訟を扱う専門部がある。会社法に関する事件については，東京地裁では民事第8部が，大阪地裁では第4民事部が取り扱っている。専門部の裁判官は，特定の分野の紛争について多くの経験を積むことになるため，その分野の専門的な知識や経験則，判例などに精通していることが多い。

東京地裁では，通常部と専門部の間の事務分配を，適用される法令を基準に決めているようである。そこで，東京地裁に提訴する原告（投資家）としては，会社法に基づく請求と民法・金商法に基づく請求の両方が成り立つ可能性がある事案で，会社法の専門的知識を有する裁判官に判断してもらうのが有利と考える場合には，訴状に主として会社法に基づく請求を中心に記載して事件が商事部に配点されるようにし，そうでない場合には，民法・金商法に基づく請求を中心に記載して事件が通常部に配点されるようにすることが考えられる。

第5節

集団訴訟
（日本版クラスアクション）

1　問題の所在

　「消費者の財産的被害の集団的な回復のための民事の裁判手続の特例に関する法律」（以下「特例法」という）が，平成25年12月11日に公布され，平成28年10月１日から施行された。同法は，日本版クラスアクション制度ともいわれており，消費者の財産的被害を集団的に回復するために，特定適格消費者団体に，「共通義務確認の訴え」についての訴訟追行権を認めている。共通義務確認の訴えで特定適格消費者団体が勝訴した場合，消費者は，後続手続である「簡易確定手続」において債権を届け出ることで，共通義務確認の訴えの勝訴判決を援用することができる。

　証券訴訟が特例法の適用対象となるとすれば，これまで，投資額が比較的少額で，訴訟提起をためらってきた個人投資家の損害賠償請求が活発化することとなり，投資家保護に資する反面，上場会社にとっては大きな脅威となりうる。

2　流通市場は適用なし，発行市場は適用あり得る

　そこで検討すると，共通義務確認の訴えの対象は，「事業者が消費者に対して負う金銭の支払義務であって，消費者契約に関する」「不法行為に基づく損害賠償の請求」などであり（特例法３条１項柱書・５号），事業者と消費者の間に「消費者契約」が存在することが要求されている。ここで「消費者契約」とは，「消費者と事業者との間で締結される契約（労働契約を除く。）をいう」とされている（同法２条３号）。

したがって，まず，発行会社が消費者（個人投資家）との間で直接の契約関係に立たない，流通市場での虚偽記載には適用がない[3]。

これに対して，発行市場での虚偽記載の場合はどうか。発行会社や売出人との間で直接契約を結んで株式を引き受ける場合には，（出資契約というやや特殊な契約ではあるものの）消費者契約が存在することから，共通義務確認の訴えの対象になる。

これに対して，（実務上多くの場合を占めると思われる）証券会社が，一旦，発行会社から有価証券を引き受け，その後，消費者に売却するという取引形態の場合には，発行会社と消費者（個人投資家）との間には「消費者契約」がないようにも思われる一方，証券会社の介在は一時的なものにとどまるため，実質的に解釈して，この場合にも共通義務確認の訴えの対象になると解することは可能かも知れない。この点は，今後の議論の蓄積を待つ必要がある。

なお，共通義務確認の訴えの対象となるのは，「不法行為に基づく損害賠償の請求」の中でも，民法の規定によるものに限るとされており（同法3条1項4項），たとえば，金商法18条等の特別法を根拠とすることはできないとされている。

このようなことから，個人投資家としては，立証責任の緩和された金商法上の責任を追及するのか，または，集団的に救済を求めることができる共通義務確認訴訟を用いるのかを検討することになるであろうとの指摘がされているところである[4]。

---

3 加納克利＝松田知丈「消費者の財産的被害の集団的な回復のための民事の裁判手続の特例に関する法律の概要」商事法務2026号27頁参照。
4 湯原心一『証券市場における情報開示の理論』（弘文堂，2016年）447頁。

第6節

虚偽記載と税務
(税会計処理基準)

1 問題の所在

　有価証券報告書等の財務情報について虚偽記載を行った場合，過年度の有価証券報告書等や，場合によって過年度の会社法上の計算書類を訂正する必要が生じるとともに，虚偽記載により過年度の所得が過大となり，その結果，法人税の納税額も過大となっていたような場合には，5年間に限り，更正の請求により課税庁の減額更正処分を求めることができる（国税通則法23条1項1号）。ただし，過大に支払った納税額は，ただちに全額が還付されるわけではなく，まず全事業年度の確定法人税額から還付し，残額はその後5年間，各事業年度の法人税額から控除し，残額がある場合は5年目の確定申告後に還付される（法人税法135条・70条）。ただちに還付しないのは，虚偽記載を抑止するためと説明されている。

　もっとも，金商法上の有価証券報告書等および会社法上の計算書類の作成・訂正に当たって依拠すべき企業会計上の「公正妥当な会計処理の基準」（公正会計基準）と，法人税法上の所得の金額の計算に当たって依拠すべき「一般に公正妥当と認められる会計処理の基準」（税会計処理基準，法人税法22条4項）は，必ずしも一致しないとされており（最判平5・11・25民集47巻9号5278頁），有価証券報告書等および計算書類上で行った訂正が，そのまま更正の請求において認められるとは限らない点に留意が必要である。

2 ビックカメラ事件税務訴訟地裁・高裁判決

　この点が具体的に争われたのが，ビックカメラ事件税務訴訟東京地裁判決および東京高裁判決である（東京地判平25・2・25訟月60巻5号1103頁，東京高判平25・7・29訟月60巻5号1089頁）。

　地裁判決と高裁判決はほぼ同様の判断を行っているので，高裁判決の判旨について紹介すると以下のとおりである。

　まず，法人税法22条4項の趣旨について，「同法における所得の金額の計算に係る規定及び制度を簡素なものとすることを旨として設けられた規定であり，現に法人のした収益等の額の計算が，適正な課税及び納税義務の履行の確保を目的（同法1条参照）とする同法の公平な所得計算という要請に反するものでない限り，法人税の課税標準である所得の金額の計算上もこれを是認するのが相当であるとの見地から定められたものと解され」るという前記最判平5・11・25の立場を確認した。

　その上で，ビックカメラ事件で具体的に問題となった「特別目的会社を活用した不動産の流動化に係る譲渡人の会計処理に関する実務指針」（流動化実務指針）について，「適正な課税及び納税義務の履行を確保することを目的とする同法の公平な所得計算という要請とは別の観点に立って定められたものとして，税会計処理基準に該当するものとはいえない」と判示した。

　ビックカメラは，この判決以前に，SESCの検査において指摘があったことを踏まえ，流動化実務指針に従って一定の会計処理の訂正を行っていたが，税務上は，かかる訂正は不要と判断されたことになり，会計と税務で処理が区々に分かれるという，いわば板挟みの立場に置かれることとなった。

　公正会計基準と税会計処理基準の関係は未だもって不明確なところがあり，上記高裁の判旨は租税法律主義，とりわけ課税要件明確主義に適うものか疑問がある。今後の裁判例等の蓄積により明確化が図られることが望まれるところである。

事項索引

あ行

IHI事件 ·························· 179, 223
足利銀行事件 ················ 115, 118, 195
一般に公正妥当と認められる監査の基準
　··································· 71
一般に公正妥当と認められる企業会計の
　慣行 ······························· 36
一般に公正妥当と認められる企業会計の
　基準 ······················ 36, 38, 42
インテリジェンス事件 ················ 175
売出人 ······························ 71
SESC→証券取引等監視委員会
閲覧謄写 ······················ 112, 180
オリンパス事件大阪高裁判決 ······ 124, 167
オリンパス事件東京地裁判決 ······ 127, 167

か行

会計制度委員会報告 ··················· 39
開示検査 ························ 9, 212
改善報告書 ····················· 111, 113
課徴金 ···················· 5, 7, 21, 28, 43
　――の加算・減算制度 ················ 8
課徴金制度 ························ 7, 58
課徴金納付命令 ········· 5, 7, 9, 17, 18, 21, 22, 28, 207, 213
過年度決算の訂正 ··············· 111, 113
管轄 ······························ 231
監査委員会報告 ······················ 39
監査証明 ··························· 71
監査役監査基準 ······················ 69
監理ポスト ························ 139
監理銘柄 ······················ 9, 19, 24
企業会計基準委員会 ·················· 39
企業会計審議会 ······················ 39
企業内容開示制度 ············ 45, 46, 47

さ行

業績予想の下方修正 ················· 128
業務改善報告書 ···················· 221
虚偽記載 ······················· 2, 35, 43
　――の「重要性」 ··················· 45
金額的重要性 ···················· 46, 50
金融庁 ···························· 212
検査報告書 ····················· 181, 216
公正な会計慣行 ··········· 38, 42, 43, 110
公正ナル会計慣行 ···················· 36
公表 ······························· 96

さ行

財務諸表 ···························· 4
差額説 ····························· 81
三洋電機事件違法配当代表訴訟 ···· 117, 223
自主規制ルール ······················ 72
質的重要性 ····················· 46, 48
事務分配 ··························· 231
社団法人日本監査役協会 ·············· 69
集団訴訟（日本版クラスアクション）··· 233
重要性 ····························· 35
重要な事項 ······················ 9, 35
取得時差額損害 ··················· 80, 82
取得自体損害 ····················· 79, 81
証券取引等監視委員会 ········· 7, 181, 212
上場契約違約金 ················· 10, 24, 29
上場廃止 ······················ 14, 15, 24
上場廃止基準 ···················· 9, 15, 19
証人尋問 ··························· 207
審判手続 ··················· 7, 21, 28, 43
推定損害額 ························· 95
税会計処理基準 ···················· 235
西武鉄道事件 ·············· 123, 125, 138, 148
整理ポスト ························ 139
整理銘柄 ·························· 188
相当因果関係 ······················· 83

237

事項索引

相当の注意 ················ 65, 66, 67, 68

た行

第三者委員会 ························ 97
調査委員会 ··················· 111, 113
調査報告書 ························ 221
D&O保険 ·························· 228
適時開示 ················· 46, 47, 226
適時開示基準 ······················ 47
東証株価指数 ···················· 128
特設注意市場銘柄 ······· 10, 19, 24, 25, 29
取引履歴 ················ 126, 127, 170

な行

内部管理体制確認書 ············ 19, 24
内部者取引規制 ···················· 47
ニイウスコー事件個人投資家訴訟 ··· 127, 187
日経平均株価 ····················· 128
日本公認会計士協会が作成・公表している
　委員会報告等 ··············· 39, 40
日本証券業協会 ···················· 72

は行

発行開示 ························· 102
発行市場 ··············· 3, 18, 32, 55

犯則調査 ······················ 8, 212
被審人 ······························ 8
ビックカメラ事件株主代表訴訟 ··· 114, 115, 117, 118, 119, 202
ビックカメラ事件税務訴訟 ············ 236
文書送付嘱託 ········· 126, 127, 170, 207
文書提出命令 ···· 112, 114, 126, 127, 181, 215
弁護士費用 ················· 101, 105
法定損害額 ························ 102

ま行

民事再生手続 ················ 155, 187
無関係下落分 ····················· 145
元引受証券会社 ················ 72, 73

や行

役員に準ずる者 ················ 62, 63
唯一の公正な会計慣行 ·············· 41
有価証券上場規程 ···················· 9

ら行

ライブドア事件機関投資家訴訟 ····· 97, 99, 100, 148
流通開示 ··························· 95
流通市場 ············ 3, 18, 32, 33, 45, 56

判例索引

【大審院】

大判大15・5・22民集5巻386頁〔富喜丸事件〕·· 83

【最高裁判所】

最判昭39・1・28民集18巻1号136頁 ··· 81
最判平5・11・25民集47巻9号5278頁 ·· 235
最判平20・7・18刑集62巻7号2101頁〔長銀粉飾決算事件〕······················· 37, 38, 41
最判平21・7・9民集231巻241頁〔日本システム技研事件〕······························ 60, 67
最判平21・12・7刑集63巻11号2641頁〔日債銀粉飾決算事件〕······························ 38, 41
最判平23・9・13民集65巻6号2511頁〔西武鉄道事件個人投資家訴訟〕·· 81, 84, 104, 136, 140
最判平23・9・13集民237号337頁〔西武鉄道事件機関投資家訴訟〕····················· 136, 140
最判平24・3・13民集66巻5号1957頁〔ライブドア事件機関投資家訴訟〕······ 16, 80, 82, 85,
    90, 96, 97, 99, 100, 148, 151
最判平24・12・21集民242号91頁〔アーバンコーポレイション事件会社訴訟〕··········· 155, 161
最判平25・3・26判例集未登載〔ニイウスコー事件個人投資家訴訟〕························ 187

【高等裁判所】

東京高判平18・11・29判タ1275号245頁〔長銀配当損害賠償事件〕························ 39
東京高判平21・12・16金判1332号7頁〔ライブドア事件機関投資家訴訟〕········ 99, 101, 151
東京高決平22・10・9判タ1341号186頁〔インテリジェンス事件〕························· 175
東京高判平22・11・24判タ1351号217頁〔アーバンコーポレイション事件会社訴訟〕······· 161
東京高判平23・4・13金判1374号30頁〔ニイウスコー事件個人投資家訴訟〕············ 90, 187
東京高判平23・11・30金判1389号36頁〔ライブドア事件個人投資家訴訟〕······· 16, 50, 65, 66
東京高判平25・7・29訟月60巻5号1089頁〔ビックカメラ事件税務訴訟〕················· 236
東京高判平26・3・26判例集未登載〔ニイウスコー事件個人投資家訴訟・差戻審〕········ 187
東京高判平26・4・24金判1451号8頁〔ビックカメラ事件株主代表訴訟〕··········· 202, 205
東京高判平26・8・28資料版商事法務367号20頁〔西武鉄道事件機関投資家訴訟・差戻審〕
    ··140
大阪高判平28・6・29金判1499号20頁〔オリンパス事件〕··························· 124, 167

【地方裁判所】

東京地判平17・5・19判時1900号3頁〔長銀配当損害賠償事件〕··························· 41
宇都宮地判平18・12・7資料版商事法務275号261頁〔足利銀行事件対監査法人損害賠償請求
    訴訟〕·· 196
東京地判平20・4・24判時2003号147頁〔西武鉄道事件機関投資家訴訟〕········ 36, 45, 48, 49

東京地判平20・6・13判時2013号27頁〔ライブドア事件機関投資家訴訟〕···· 35, 98, 108, 151
東京地判平21・5・21判時2047号36頁〔ライブドア事件個人投資家訴訟〕······ 16, 50, 63, 227
東京地判平22・3・9判時2083号86頁〔アーバンコーポレイション事件会社訴訟〕······· 161
宇都宮地判平23・12・21判時2140号88頁〔足利銀行事件〕················ 37, 40, 41, 195
大阪地判平24・3・23判時2168号97頁〔アイエックスアイ事件〕······················ 38, 71
東京地判平24・6・22金法1968号87頁〔アーバンコーポレイション事件役員責任追及訴訟〕
··· 50, 51, 65, 68, 132, 155, 165
大阪地判平24・9・28判時2169号104頁〔三洋電機事件違法配当代表訴訟〕···· 39, 42, 44, 223
東京地判平25・2・22判タ1406号306頁〔シニアコミュニケーション事件〕·············· 69
東京地判平25・2・25訟月60巻5号1103頁〔ビックカメラ事件税務訴訟〕··············· 236
東京地判平25・7・9判タ1414号365頁〔ニイウスコー事件対元取締役損害賠償請求訴訟〕
·· 188
東京地判平25・10・15判例集未登載〔ニイウスコー事件個人投資家訴訟〕············ 69, 70
東京地判平25・12・26金判1451号17頁〔ビックカメラ事件株主代表訴訟〕··············· 205
東京地判平26・11・27証券取引被害判例セレクト49巻1頁〔IHI事件〕········ 19, 50, 53, 101, 179, 223
東京地判平26・12・25判例集未登載〔ニイウスコー事件個人投資家訴訟〕······ 50, 53, 66, 70
東京地判平26・12・25判例集未登載〔ニイウスコー事件対会計監査人損害賠償請求訴訟〕
·· 189
東京地判平27・3・19判時2275号129頁〔オリンパス事件〕·········· 23, 88, 127, 167, 168, 169
大阪地判平27・7・21金判1476号16頁〔オリンパス事件〕······· 50, 52, 93, 131, 167, 168, 172
東京地判平27・8・28判例集未登載〔インネクスト事件〕················ 63, 66, 68, 73, 93

《著者紹介》

藤原　総一郎（ふじわら　そういちろう）
〔略　歴〕
平成元年　東京大学法学部卒業
平成3年4月　弁護士登録（第二東京弁護士会）
平成11年　森・濱田松本法律事務所 パートナー弁護士
〔主要著書〕
『倒産法全書（上）（下）（第2版）』（商事法務，2014年，監修）
『企業再生の法務（改訂版）』（金融財政事情研究会，2012年，監修）
『DES・DDSの実務（第3版）』（金融財政事情研究会，2014年，編著）
『新・会社法実務問題シリーズ・1 定款・各種規則の作成実務（第3版）』（中央経済社，2015年，共著）

矢田　悠（やだ　ゆう）
〔略　歴〕
平成16年　東京大学法学部卒業
平成18年　東京大学法科大学院修了
平成19年12月　弁護士登録（第二東京弁護士会）
平成24年～26年　金融庁・証券取引等監視委員会出向
平成27年4月　公認不正検査士登録
〔主要著書〕
『投資信託・投資法人の法務』（商事法務，2016年，共著）
『銀行員のためのコンプライアンスガイド（七訂版）』（第二地方銀行協会，2015年，共著）
『企業再生の法務（改訂版）』（金融財政事情研究会，2012年，共著）

金丸　由美（かなまる　ゆみ）
〔略　歴〕
平成元年　慶應義塾大学経済学部卒業
平成元年　中央新光監査法人入所（～平成10年）
平成4年　公認会計士登録
平成10年　金融再生委員会事務局に転籍
平成13年　金融庁に出向。同年，中央青山監査法人に復帰（平成14年社員就任～平成17年）
平成22年8月　弁護士登録（第二東京弁護士会）
〔主要著書〕
『過年度遡及処理の会計・法務・税務（第2版）』（中央経済社，2012年，共著）
『M&A法大系』（有斐閣，2015年，共著）

飯野　悠介（いいの　ゆうすけ）

〔略　歴〕
平成20年　早稲田大学法学部卒業
平成23年　東京大学法科大学院修了
平成24年12月　弁護士登録（第二東京弁護士会）
平成26年８月～平成27年８月　株式会社三井住友銀行出向

〔主要著書〕
『製品事故・不祥事対応の企業法務――実例からみた安全確保・安心提供の具体策』（民事法研究会，2015年，共著）

企業訴訟実務問題シリーズ
証券訴訟──虚偽記載

2017年2月25日　第1版第1刷発行

編　者	森・濱田松本法律事務所
著　者	藤　原　総 一 郎
	矢　田　　　悠
	金　丸　由　美
	飯　野　悠　介
発行者	山　本　　　継
発行所	㈱中央経済社
発売元	㈱中央経済グループパブリッシング

〒101-0051　東京都千代田区神田神保町1-31-2
電話　03 (3293) 3371（編集代表）
　　　03 (3293) 3381（営業代表）
http://www.chuokeizai.co.jp/
印刷／昭和情報プロセス㈱
製本／㈱関川製本所

Ⓒ 2017
Printed in Japan

＊頁の「欠落」や「順序違い」などがありましたらお取り替えいたしますので発売元までご送付ください。（送料小社負担）

ISBN978-4-502-20461-6　C3332

JCOPY〈出版者著作権管理機構委託出版物〉本書を無断で複写複製（コピー）することは，著作権法上の例外を除き，禁じられています。本書をコピーされる場合は事前に出版者著作権管理機構（JCOPY）の許諾を受けてください。
JCOPY〈http://www.jcopy.or.jp　eメール：info@jcopy.or.jp　電話：03-3513-6969〉

過去の裁判例を基に，代表的な訴訟類型において
弁護士・企業の法務担当者が留意すべきポイントを解説！

企業訴訟実務問題シリーズ

森・濱田松本法律事務所［編］

◆ **企業訴訟総論**　　　　　　　　　　　　　　好評発売中
　難波孝一・稲生隆浩・横田真一朗・金丸祐子

◆ **証券訴訟**──虚偽記載　　　　　　　　　　好評発売中
　藤原総一郎・矢田　悠・金丸由美・飯野悠介

◆ **労働訴訟**──解雇・残業代請求　　　　　　好評発売中
　荒井太一・安倍嘉一・小笠原匡隆・岡野　智

―以下，順次刊行予定―

◆ **インターネット訴訟**
　上村哲史・山内洋嗣・上田雅大

◆ **税務訴訟**
　大石篤史・小島冬樹・飯島隆博

◆ **独禁法訴訟**
　伊藤憲二・大野志保・渥美雅之・市川雅士・柿元將希

◆ **環境訴訟**
　山崎良太・川端健太

◆ **会社法訴訟**──株主代表訴訟・株式価格決定
　井上愛朗・渡辺邦広・河島勇太・小林雄介

◆ **消費者契約訴訟**──約款関連
　荒井正児・松田知丈・増田　慧

◆ **システム開発訴訟**
　飯田耕一郎・田中浩之

中央経済社